Gonzalo Fernández Sanz

Lectio Divina
para tiempos fuertes

CUARESMA
y Semana Santa

No solo de pan

2024

© Publicaciones Claretianas, 2024

Juan Álvarez Mendizábal 65 dpdo. 3º.
28008 Madrid
Tlf.: 915 401 267
http://www.publicacionesclaretianas.com
publicaciones@publicacionesclaretianas.com
comercial@publicacionesclaretianas.com

ISBN: 978-84-7966-790-0
Depósito Legal: M-2386-2024

Impreso en España / Printed in Spain
Imprime: Estugraf, S.L.

Introducción

La Cuaresma de este año llega temprana. Hace poco más de un mes que terminamos el tiempo navideño. A diferencia de lo que sucede con la Navidad, la Cuaresma no ha sido secuestrada por el comercio. No hay signos externos que denoten que hemos entrado en un tiempo especial. Los periódicos no suelen hablar de la Cuaresma. Si se tratara del Ramadán islámico o de alguna otra festividad budista o hindú de relieve, tal vez incluirían una nota informativa o incluso algún reportaje. La Cuaresma cristiana pasa de puntillas. Es verdad que la imposición de la ceniza —rito con el que empieza la cuarentena de preparación a la Pascua— todavía tiene tirón popular, pero tal vez tendríamos que cambiar de nombre a un día en el que, por encima de todo, se nos invita a la conversión del corazón: «Si hoy escucháis su voz, no endurezcáis el corazón» (Sal 94,7).

La Cuaresma es un camino hacia la Pascua. Habría que poner más de relieve la fuerza de la vida que pugna por renacer que el recuerdo de nuestra caducidad. Es bueno saber que «somos polvo y en polvo nos convertiremos», pero es más importante «convertirnos y creer en el Evangelio».

Los muchos indicadores negativos van minando nuestra capacidad de afrontar el futuro con esperanza. Es como si la distopía del final del mundo empezara a cobrar fuerza. ¿Será verdad que estamos poniendo en peligro la supervivencia del planeta y con ella nuestra propia supervivencia? Podemos recordar las palabras del profeta Jeremías: «Salgo al campo: muertos a espada; / entro en la ciudad: desfallecidos de hambre; / tanto el profeta como el sacerdote / vagan sin sentido por el país» (Jr 14,18). Frente a la impresión de desolación, surge con fuerza una plegaria: «Señor, reconocemos nuestra impiedad, / la culpa de nuestros padres, / porque pecamos contra ti. / No nos rechaces, por tu nombre, / no desprestigies tu trono glorioso; / recuerda y no rompas tu alianza con nosotros» (20-21).

Necesitamos seguir confiando en la sabiduría milenaria de la Iglesia que nos invita a prepararnos para la Pascua con los tres medios clásicos: el ayuno, la limosna y la oración. Los tres están interconectados, pero cada uno de ellos nos ayuda a renovar una de las tres relaciones básicas que sostienen nuestra vida. Mediante el ayuno aprendemos a relacionarnos con las cosas, con el mundo, de una manera sobria, no posesiva ni dominadora. La limosna es el símbolo de una forma nueva de relacionarnos con las personas en cuanto hermanos y hermanas, no en cuanto competidores, adversarios o enemigos. La oración, por su parte, restaura nuestra relación con Dios Padre. Se podría decir que los tres dinamismos nos ayudan a una «puesta a punto» porque la experiencia nos enseña que las tres relaciones básicas se deterioran más de lo que nos gustaría. Es curioso que cuando los cristianos orillamos estos medios por considerarlos obsoletos, otras corrientes espirituales y terapéuticas los recogen y reciclan presentándolos como cauces para liberación personal y de la modernidad.

¿Cuántas Cuaresmas necesita un cristiano para adquirir la forma de Cristo? A veces podemos tener la impresión de que la repetición sirve para poco. ¿Adónde van a parar nuestras oraciones, las Eucaristías celebradas, las obras de misericordia, los gestos de entrega? Son como gotas que parecen perderse en el vacío o salpicar sin dejar huella. No percibimos su eficacia en el día a día, pero Dios va haciendo lentamente su obra en nosotros. Cada respuesta a su gracia es una gota que contribuye a configurarnos con Cristo. Solo al final del camino podremos ver la figura completa. Esta convicción nos permite afrontar con paciencia y esperanza la lenta tarea de la transformación personal. La Cuaresma de este año 2024 será una gota más, pequeña si se quiere, pero imprescindible en el proceso de configuración con Cristo.

Disponemos de 40 días para concretar esas llamadas a la conversión que cada uno vamos sintiendo a lo largo del año y que siempre postergamos por falta de tiempo, interés u oportunidad. En vez de repetir siempre aquello de «mañana le abriremos para lo mismo responder mañana», tendríamos que comprometernos a decir: «de mañana no pasa».

La «lectio divina»: orar con la Palabra

La *lectio divina* es un método –experimentado por la Tradición de la Iglesia– para acercarse a la Palabra de Dios y penetrar mejor en su significado. Se dice de él que es «como una escalera para subir desde la tierra hasta el cielo». Pero lo importante no es el método, sino conseguir hacer una «lectura orante» de la Palabra. Se trata de acercarte a Dios a través de su Palabra y dejar que te muestre su voluntad.

Es un método sencillo que nos propone seguir diferentes pasos. Los monjes distinguieron hasta diez diferentes, aunque hoy se han simplificado. Con todo, es necesario reservar un tiempo para su práctica. No se puede hacer en dos minutos. Con el tiempo verás que te gustará dedicarle más y más tiempo. Te proponemos que sigas estos cuatro pasos:

1. Lectura (*Lectio*)

Se trata de que leas y releas atenta y pausadamente el texto, aunque te suene familiar, tratando de comprender lo que dice. Si lo vieras necesario puedes servirte de un diccionario. Verás que, al leer la Palabra, siempre se descubren cosas nuevas, matices, subrayados o ecos diferentes. Siempre hay algo que focaliza tu atención y resuena con más fuerza.

2. Meditación (*Meditatio*)

Meditar significa reflexionar, intentar responder a la siguiente pregunta: ¿qué me dice a mí el texto? Se trata de buscar lo que te puede estar diciendo Dios en este momento de tu vida, o cómo ilumina su Palabra tus inquietudes, preguntas,... en definitiva, de intentar descubrir la voluntad de Dios.

3. Oración (*Oratio*)

Una vez intuido lo que Dios quiere de ti, puedes entrar en diálogo sincero con Aquel que te escucha, sabe lo que necesitas y deseas. Se trata de hacer oración la voluntad de Dios: dale gracias, pídele perdón o ayuda, intercede por otros... Dialoga con Él con confianza, abandonándote en sus manos y abriendo tu corazón a su presencia viva.

4. Acción (*Actio*)

Lo que has descubierto al leer, meditar y orar lo llevas a la vida. Se trata de convertir en acción aquello que antes ha sido contemplado. La relación con Dios siempre te lleva a la vida diaria. Siempre habrá algo que transformar, algo que hacer por ti o por los demás para que la voluntad del Señor y su reino se hagan más presentes en nuestro mundo. En definitiva, hacer vida su Palabra.

Miércoles de ceniza

Jl 2,12-18 Volveos a mí de todo corazón.
Sal 50. Misericordia, Señor: hemos pecado.
2Co 5,20–6,2 Hazlo en secreto.
Mt 6,1-6.16-18

En aquel tiempo dijo Jesús a sus discípulos: "No practiquéis vuestra religión delante de los demás sólo para que os vean. Si hacéis eso, no obtendréis ninguna recompensa de vuestro Padre que está en el cielo. Por tanto, cuando ayudes a los necesitados no lo publiques a los cuatro vientos, como hacen los hipócritas en las sinagogas y en las calles para que la gente los elogie. Os aseguro que con eso ya tienen su recompensa. Tú, por el contrario, cuando ayudes a los necesitados, no se lo cuentes ni siquiera a tu más íntimo amigo. Hazlo en secreto, y tu Padre, que ve lo que haces en secreto, te dará tu recompensa. Cuando oréis, no seáis como los hipócritas, a quienes les gusta orar de pie en las sinagogas y en las esquinas de las plazas, para que la gente los vea. Os aseguro que con eso ya tienen su recompensa. Pero tú, cuando ores, entra en tu cuarto, cierra la puerta y ora en secreto a tu Padre. Y tu Padre, que ve lo que haces en secreto, te dará tu recompensa. Cuando ayunéis, no pongáis el gesto compungido, como los hipócritas, que aparentan aflicción para que la gente vea que están ayunando. Os aseguro que con eso ya tienen su recompensa. Pero tú, cuando ayunes, lávate la cara y arréglate bien, para que la gente no advierta que estás ayunando. Solamente lo sabrá tu Padre, que está a solas contigo, y él te dará tu recompensa".

Lectura: En el evangelio de hoy Jesús nos habla de la limosna (la ayuda a los necesitados), la oración y el ayuno como caminos para establecer relaciones auténticas con los demás, con Dios y con nosotros mismos. Asimismo, nos previene contra la tentación de convertirlos en prácticas externas que solo buscan cultivar una falsa imagen.

Meditación: ¡Qué casualidad que este año coincidan el Miércoles de Ceniza —comienzo de la Cuaresma— y el Día de los Enamorados! A primera vista, no parece que la fiesta de los sentimientos y regalos case bien con una jornada de ayuno y abstinencia. Junto al ramo de rosas rojas en la mano aparecen las cenizas en la frente. La Cuaresma cristiana no tiene miedo de ir a contracorriente de la publicidad. Comienza hablándonos del polvo («Polvo eres y en polvo te convertirás») para hacernos ver, a través de un camino de cuarenta días que nos lleva hasta la Pascua, que nuestra existencia es frágil y precaria, pero está llamada a la plenitud. La Cuaresma nos invita a descubrir vida en todo cuanto existe, a caer en la cuenta de que el mundo está transido de resurrección, a descubrir fragmentos de amor en el polvo que somos. No nos ponemos en camino para huir de nada ni de nadie, sino atraídos por el poderoso magnetismo de la Pascua. Ayunamos para saber quiénes somos, antes de que los objetos nos deshumanicen en esta sociedad consumista. Damos limosna para no olvidar que existen los otros necesitados. Oramos para adorar al único Dios en tiempos en los que en el panteón posmoderno no cabe un diosecillo más. Es solo cuestión de ajustar las coordenadas.

Oración: Gracias, Señor, por esta nueva oportunidad que me concedes para ajustar las coordenadas de mi vida. Ayúdame a ser sensible a las necesidades de los demás, a cultivar más la oración como encuentro personal contigo y a desapegarme de todo lo que me ata demasiado y me impide ser libre. Concédeme tu Espíritu para seguir este año el camino cuaresmal de la Iglesia con más lucidez y autenticidad. Amén.

Acción: No olvides comenzar este tiempo con una pastilla de Or-a-lim: oración, ayuno y limosna. Escoge tres expresiones concretas.

Jueves ceniza

Dt 30,15-20 Os he dado a elegir.
Sal 1. Dichoso el hombre que ha puesto su confianza en el Señor.
Lc 9,22-25

En aquel tiempo les decía Jesús: "El Hijo del hombre tendrá que sufrir mucho, y será rechazado por los ancianos, por los jefes de los sacerdotes y por los maestros de la ley. Lo van a matar, pero al tercer día resucitará". Después dijo a todos: "El que quiera ser mi discípulo, olvídese de sí mismo, cargue con su cruz cada día y sígame. Porque el que quiera salvar su vida la perderá; pero el que pierda su vida por causa mía, la salvará. ¿De qué le sirve al hombre ganar el mundo entero, si se pierde o se destruye a sí mismo?".

Lectura: En el camino de Galilea a Jerusalén, Jesús anuncia a sus discípulos la pasión que le espera. Si ellos quieren seguirlo, correrán la misma suerte. Lo que importa es saber que la última palabra no es la muerte sino la vida. Por eso, no merece la pena dedicarse a «ganar el mundo» (dejarse llevar por el placer, el poder o el dinero), sino a «perder la vida» (entregarse a Dios y servir a los demás) para ganarla definitivamente.

Meditación: Jesús invita a sus discípulos de todos los tiempos a negarnos a nosotros mismos, a cargar con nuestra cruz y a ir detrás de Él. Suena mal hablar de la negación de uno mismo en tiempos en los que valoramos mucho el yo y su desarrollo. Parece una recaída en las viejas espiritualidades que parecían ir en contra de la persona y su dignidad. Pero no es eso lo que Jesús dice. Negarse a sí mismo significa no vivir desde una postura egocéntrica y narcisista, desplazar nuestra preocupación hacia los demás. El crecimiento del propio yo viene por añadidura, no por búsqueda obsesiva.

Cargar con la cruz no significa buscar el sufrimiento en sí mismo. Es la consecuencia del imperativo anterior. Si uno desplaza el centro de sí mismo a los demás, tiene que aprender a aceptar las consecuencias del amor. Estas siempre implican renuncia a lo propio y aceptación de los sufrimientos ajenos.

Ir detrás de Jesús significa pensar como Dios, no seguir la dirección de Satanás. Nunca sabemos si creemos de verdad hasta que no tenemos que escoger entre ir detrás de Satanás (es decir, queriendo «ganar el mundo») o ir detrás de Jesús (es decir, perdiendo la vida por amor para encontrarla definitivamente).

Oración: A menudo me pregunto, Señor, de qué me sirve lo que estoy haciendo si, en vez de buscar tu voluntad, me busco demasiado a mí mismo. No quiero ganar el mundo, sino vivir la vida que tú me ofreces. Dame ojos de fe para descubrir mis engaños y corazón generoso para seguir los impulsos de tu Espíritu. Amén.

Acción: En silencio, haz una lista de las actitudes y acciones que responden a tu deseo de «ganar el mundo» y otra con las que apuntan, más bien, a «ganar la vida plena». Compara. Ora. Toma alguna decisión si la ves oportuna.

Viernes ceniza

Is 58,1-9a El ayuno que agrada al Señor.
Sal 50. Un corazón quebrantado y humillado, tú, Dios mío,
no lo desprecias.
Mt 9,14-15

FEBRERO 16

Los seguidores de Juan el Bautista se acercaron a Jesús y le preguntaron: "Nosotros y los fariseos ayunamos con frecuencia: ¿Por qué tus discípulos no ayunan?". Jesús les contestó: "¿Acaso pueden estar tristes los invitados a una boda mientras el novio está con ellos? Pero llegará el momento en que se lleven al novio, y entonces ayunarán".

Lectura: El texto presenta un contraste entre la práctica seguida por los discípulos de Juan el Bautista y los fariseos con respecto al ayuno y la seguida por los discípulos de Jesús. Estos no ayunan porque ya tienen al novio con ellos, porque están experimentando la alegría de la boda. Lo importante es celebrar la invitación.

Meditación: Ayunar es una forma nueva de relacionarnos con nosotros mismos, con los demás y con Dios. El verdadero ayuno no se reduce a una práctica alimentaria como las que hoy están en boga. El profeta Isaías nos aclara el ayuno que le gusta a Dios: «El ayuno que yo quiero es éste: abrir las prisiones injustas, hacer saltar los cerrojos de los cepos, dejar libres a los oprimidos, romper todos los cepos; compartir tu pan con el hambriento, hospedar a los pobres sin techo, vestir al que ves desnudo y no despreocuparte de tu hermano. Entonces brillará tu luz como la aurora, tus heridas sanarán rápidamente; tu justicia te abrirá camino, detrás irá la gloria del Señor» (Is 58,6-8).

Cuando una persona en crisis hace el pequeño esfuerzo de no pedir ayuda, sino de brindarla, de salir de sí misma para acercarse a otras personas que están atravesando problemas, algo empieza a cambiar: «Entonces brillará tu luz como la aurora, tus heridas sanarán rápidamente». El verdadero ayuno consiste en compartir con los más necesitados la alegría de haber sido todos invitados a la boda de Jesús, el novio del Reino nuevo.

Oración: No quiero vivir una Cuaresma triste, Señor. Necesito comprender y agradecer que tú me has invitado al banquete de la vida nueva. No sigo ni a Juan Bautista ni a los fariseos de nuestro tiempo. Te sigo a ti. Mi amigo eres tú. Mi alegría eres tú. Ayúdame a compartirla con quienes soportan a duras penas el yugo de la vida. Ensancha el tamaño de la mesa nupcial y ayúdanos a no estar tristes porque formamos parte del grupo de los amigos del novio que eres tú. Amén.

Acción: Hoy es un buen día para unir el ayuno físico con la solidaridad. Prívate de algo que te gusta y comparte lo equivalente con alguien que lo necesite.

Sábado ceniza

Is 58,9b-14 Darse en servicio del hambriento.
Sal 85. Enséñame, Señor, tu camino, para que siga tu verdad.
Lc 5,27-32   **FEBRERO 17**

*D*espués de esto, Jesús salió y se fijó en uno de los que cobraban impuestos para Roma. Se llamaba Leví y estaba sentado en el lugar donde cobraba los impuestos. Jesús le dijo: "Sígueme". Entonces Leví se levantó, y dejándolo todo siguió a Jesús. Más tarde, Leví hizo en su casa una gran fiesta en honor de Jesús; y muchos de los que cobraban impuestos para Roma, junto con otras personas, estaban sentados con ellos a la mesa. Pero los fariseos y los maestros de la ley pertenecientes a este partido comenzaron a criticar a los discípulos de Jesús. Les decían: "¿Por qué coméis y bebéis con los cobradores de impuestos y los pecadores?". Jesús les contestó: "Los que gozan de buena salud no necesitan médico, sino los enfermos. Yo no he venido a llamar a los justos, sino a los pecadores, para que se conviertan a Dios".

Lectura: Lucas narra la llamada de Jesús a Leví. Si llamativa y escandalosa resulta la elección de este colaborador, más todavía es la participación de Jesús en la posterior fiesta organizada en casa de Leví. Detrás de una conducta tan inusual, hay una verdadera revolución en la imagen de Dios. Como buen padre, Dios quiere a todos sus hijos e hijas, pero siente predilección por los enfermos y los pecadores; es decir, por aquellos que se encuentran en situaciones de debilidad y exclusión. Los escribas y fariseos no acaban de entenderlo.

Meditación: Mateo (o Leví) era un recaudador de impuestos, un colaboracionista con la potencia invasora y probablemente un ladrón, alguien que se aprovechaba de su cargo para lucrarse. No es, pues, extraño que algunos fariseos se escandalizaran de que Jesús fuera a su casa y se sentara a la mesa con él. Jesús pasa por encima de todos los prejuicios y costumbres de pureza. Mira a Mateo a los ojos, entra hasta el fondo de su corazón, lo ama y lo llama. Lo hace porque Él quiere, no porque Mateo presente un currículo impecable. Cuando Mateo se ve traspasado por la mirada de Jesús y aceptado como es, no puede resistirse. Deja todo y se va con Jesús. La historia de Mateo es un claro ejemplo de que lo que importa en la vida no es tanto ser bueno o malo, cumplidor o inobservante, sino dejarse mirar por Jesús, aceptar su amistad y seguirlo. Los cambios se irán produciendo en el camino. Es más fácil ser cumplidor que seguidor. En el primer caso, uno se conforma con cumplir normas y preceptos; en el segundo, tiene que entrar en la dinámica de una relación personal, ir detrás de Jesús y dejarse querer por Él. Es más exigente y liberador.

Oración: Señor, no te extrañes de que en muchos casos yo parezca más un escriba o un fariseo que un discípulo tuyo. Quiero límites claros. Me cuesta salirme de las normas. Tengo mis propios métodos para separar a los buenos de los malos. No quiero contaminarme con malas compañías. Hazme entender, siquiera un poco, qué significa sentarme a la mesa con los enfermos y pecadores. Ayúdame a tomar conciencia de que yo soy ese enfermo y pecador que Dios busca para salvarlo. Quizá entonces pueda comprender mejor a los demás. Amén.

Acción: Revisa tus prejuicios hacia personas y colectivos con los que nunca te sentarías a comer. ¿Crees que Jesús se comportaría del mismo modo que tú?

Domingo I

Gn 9,8-15 Voy a establecer mi pacto con vosotros.
Sal 24. Tus sendas, Señor, son misericordia y lealtad para los que
guardan tu alianza.
1Pe 3,18-22 El agua del bautismo que ahora os salva.
Mc 1,12-15   FEBRERO **18**

Después de esto, el Espíritu llevó a Jesús al desierto. Allí vivió durante cuarenta días entre las fieras, y fue puesto a prueba por Satanás; y los ángeles le servían. Después que metieron a Juan en la cárcel, Jesús fue a Galilea a anunciar las buenas noticias de parte de Dios. Decía: "Ha llegado el tiempo, y el reino de Dios está cerca. Volveos a Dios y aceptad con fe sus buenas noticias."

Lectura: El evangelio de Marcos sitúa a Jesús en el desierto antes de comenzar su ministerio público. Va al desierto «empujado por el Espíritu» para «ser tentado por Satanás». Los 40 días antes de anunciar el Evangelio son un tiempo de prueba para calibrar la autenticidad de sus motivaciones y la verdad de sus experiencias.

Meditación: La Biblia está repleta de alusiones simbólicas al número 40. Quizás en el contexto de Marcos esta cifra se refiere a la duración media de una vida humana. Es una manera simbólica de señalar que toda la vida de Jesús fue una prueba constante, una tensión entre un mesianismo reducido a poder y un mesianismo planteado como servicio y entrega. Satanás es el símbolo de todos los males a los que Jesús tuvo que enfrentarse a lo largo de su vida para no malograr el proyecto del Padre.

Para cada uno de nosotros, «ir al desierto» puede significar poner a prueba la autenticidad de nuestra fe. Jesús no anuncia el reino de Dios en el desierto (como hacía Juan con su bautismo de penitencia). Tampoco se dirige, en primer lugar, a la ciudad de Jerusalén (donde el Templo polariza la religiosidad del pueblo). Se va a la región fronteriza y pagana de Galilea. Salta del desierto (lugar de la prueba) al lago de Tiberíades (lugar de la vida) con la esperanza de que en el bullicio de la vida cotidiana se despierte el sueño dormido del reino de Dios.

Su Buena Noticia —su Evangelio— no consiste en anunciar la restauración de la monarquía davídica, sino el señorío de Dios en el mundo; el triunfo del amor sobre los ídolos que hacen este mundo irrespirable: la codicia, el engaño, la injusticia y la violencia.

Oración: En medio de mis tentaciones diarias, cuando siento que podría vivir la vida sin Dios, centrado solo en mis intereses, te miro a ti, Jesús, y entonces algo me sacude por dentro. Sé que necesito ser probado en el crisol de la crisis para convertirme en creyente y en evangelizador. Solo te pido que me des confianza para saber que soy siempre guiado por el Espíritu y que no voy a desfallecer en medio del desierto. Amén.

Acción: Hoy puedes reservar un tiempo para hacerte algunas preguntas: ¿Qué pruebas y tentaciones he experimentado en las últimas semanas?, ¿qué estaban indicando sobre mi manera de vivir la fe?, ¿qué he aprendido para el futuro?

Lunes I

Lv 19,1-2.11-18 Ama a tu prójimo.
Sal 18. Tus palabras, Señor, son espíritu y vida.
Mt 25,31-46

FEBRERO **19**

*E*n aquel tiempo dijo Jesús a sus discípulos: "Cuando venga el Hijo del hombre rodeado de esplendor y de todos los ángeles, se sentará en su trono glorioso. Todas las naciones se reunirán delante de él, y él separará a unos de otros como el pastor separa las ovejas de las cabras. Pondrá las ovejas a su derecha y las cabras a su izquierda. Y dirá el Rey a los de su derecha: 'Venid vosotros, los que mi Padre ha bendecido: recibid el reino que se os ha preparado desde la creación del mundo. Porque tuve hambre y me disteis de comer, tuve sed y me disteis de beber, fui forastero y me recibisteis, anduve sin ropa y me vestisteis, caí enfermo y me visitasteis, estuve en la cárcel y vinisteis a verme'. Entonces los justos preguntarán: 'Señor, ¿cuándo te vimos hambriento y te dimos de comer, o sediento y te dimos de beber? ¿O cuándo te vimos forastero y te recibimos, o falto de ropa y te vestimos? ¿O cuándo te vimos enfermo o en la cárcel, y fuimos a verte?'. El Rey les contestará: 'Os aseguro que todo lo que hicisteis por uno de estos hermanos míos más humildes, por mí mismo lo hicisteis'. Luego dirá el Rey a los de su izquierda: 'Apartaos de mí, malditos: id al fuego eterno preparado para el diablo y sus ángeles. Porque tuve hambre y no me disteis de comer, tuve sed y no me disteis de beber, fui forastero y no me recibisteis, anduve sin ropa y no me vestisteis, caí enfermo y estuve en la cárcel, y no me visitasteis'. Entonces ellos preguntarán: 'Señor, ¿cuándo te vimos con hambre o con sed, o forastero o falto de ropa, o enfermo o en la cárcel, y no te ayudamos?'. El Rey les contestará: 'Os aseguro que todo lo que no hicisteis por una de estas personas más humildes, tampoco por mí lo hicisteis'. Éstos irán al castigo eterno, y los justos, a la vida eterna".

Lectura: La parábola de las ovejas y las cabras narrada por Jesús y reportada únicamente por el evangelio de Mateo nos ayuda a comprender que el juicio más radical acerca de la verdad de nuestra vida no es el que se establece entre fe e increencia, sino entre amor e indiferencia.

Meditación: El cielo tiene el color del amor. Lo que de verdad importa en la vida es salir de nosotros mismos y convertirnos en comida para el hambriento, en agua para el sediento, en vestido para el desnudo, en hogar para el forastero, en compañía para el enfermo y en alivio para el preso. Con esas seis categorías, repetidas hasta cuatro veces, Jesús quiere poner rostro al amor. Amar no es un sentimiento vaporoso de bienestar. Es una salida de nosotros mismos hacia quienes nos necesitan para seguir viviendo como hijos de Dios. La gran sorpresa es que, cuando hacemos eso, a menudo de forma casi inconsciente, Él nos aguarda: «Os aseguro que cada vez que lo hicisteis con uno de éstos, mis humildes hermanos, conmigo lo hicisteis». Si la meta es clara (Dios en todos), el camino es diáfano (el amor como actitud vital). Una vez que hemos comprendido dónde está el tesoro, ya no podemos vivir de otra manera. Cuando Jesús es nuestro rey, su Reino es la única opción. El cielo ya ha comenzado.

Oración: Sé que tienes el rostro del hambriento, del sediento, del desnudo, del forastero, del enfermo y del preso, pero he preferido no mirar esos rostros de frente porque desnudan mi indiferencia. He pasado tantas veces de largo ante ellos que ahora me pregunto si esa es la razón por la que no acabo de reconocerte en mi vida. Ayúdame, Jesús, a no desviar la mirada, a dejarme curar por la luz de tus ojos. No quisiera darte la espalda en quienes necesitan de mí. Amén.

Acción: ¿Siento el impulso a hacerme el encontradizo con alguien que pertenezca a alguna de las seis categorías de personas necesitadas que Jesús propone en el Evangelio?

Martes I

Is 55,10-11 La palabra que sale de los labios de Dios.
Sal 33. El Señor libra de sus angustias a los justos.
Mt 6,7-15

En aquel tiempo dijo Jesús a sus discípulos: "Al orar no repitas palabras inútilmente, como hacen los paganos, que se imaginan que por su mucha palabrería Dios les hará más caso. No seáis como ellos, porque vuestro Padre sabe lo que necesitáis aun antes de habérselo pedido. Vosotros debéis orar así: 'Padre nuestro que estás en el cielo, santificado sea tu nombre. Venga tu reino. Hágase tu voluntad en la tierra así como se hace en el cielo. Danos hoy el pan que necesitamos. Perdónanos nuestras ofensas como también nosotros perdonamos a quienes nos han ofendido. Y no nos expongas a la tentación, sino líbranos del maligno'. Porque si vosotros perdonáis a los demás el mal que os hayan hecho, vuestro Padre que está en el cielo os perdonará también a vosotros; pero si no perdonáis a los demás, tampoco vuestro Padre perdonará el mal que vosotros hacéis".

Lectura: El evangelio de hoy nos propone la versión del Padrenuestro de Mateo, que es la que usamos en la liturgia. A diferencia de la versión de Lucas, más corta y motivada por una petición de los discípulos que querían aprender a orar, en la de Mateo Jesús quiere oponer la sencillez y esencialidad de la oración cristiana a la palabrería hueca de los fariseos. Jesús nos enseña que la oración no es cuestión de palabras, sino de confianza.

Meditación: Jesús nos regala un modelo de oración —el Padrenuestro— que es una síntesis de todo lo que el ser

22 *Primera semana de Cuaresma, Ciclo B. 2024*

humano necesita. Se condensa en siete peticiones: tres relacionadas con Dios y cuatro con nuestras necesidades fundamentales. Comenzamos reconociendo que Dios existe y que no es un tirano (lo llamamos Padre-Abbá) ni una propiedad privada a medida de nuestros caprichos individuales (lo llamamos Padre nuestro, Padre de todos los seres humanos). Estas dos palabras iniciales («padre» y «nuestro») nos dan las dos claves esenciales para relacionarnos con Dios (filiación) y con los demás (fraternidad).

Las tres peticiones referidas a Dios (santificado sea tu nombre, venga a nosotros tu reino, hágase tu voluntad) pivotan sobre tres símbolos (nombre, reino y voluntad) que hablan del misterio inabarcable de Dios. Las cuatro peticiones siguientes condensan nuestras necesidades básicas: el pan, el perdón, la libertad frente a la tentación y la liberación del mal. Se trata de muy pocas palabras (¡solo 58 en la versión griega y 49 en la versión latina!) que condensan todo lo que los seres humanos podemos necesitar.

Oración: Padre, no sé cuántas veces he rezado esta oración desde que la aprendí siendo niño. La he rezado de mil modos: poniendo el alma en ella, saboreando cada palabra, de forma mecánica y distraída y en ocasiones hasta lleno de rabia. No ha habido situación de mi vida en que no haya podido dirigirme a ti con las palabras de Jesús. Ayúdame a hacerla mía, a confiar en que tú me das todo lo que necesito para amarte con todo el corazón y servir a mis hermanos. Amén.

Acción: Hoy es el día idóneo para recitar y meditar esta joya que Jesús ha regalado a su comunidad. Podemos repetirla muy despacio, dejando que, entre petición y petición, el silencio nos ayude a profundizar en su significado.

Miércoles I

Jon 3,1-10 Clamad a Dios con todas vuestras fuerzas.
Sal 50. Un corazón quebrantado y humillado, tú, Dios mío,
no lo desprecias.
Lc 11,29-32

FEBRERO **21**

La multitud seguía juntándose alrededor de Jesús, y él comenzó a decirles: "La gente de este tiempo es malvada. Pide una señal milagrosa, pero no se le dará otra señal que la de Jonás. Porque así como Jonás fue señal para la gente de Nínive, así también el Hijo del hombre será señal para la gente de este tiempo. En el día del juicio, cuando se juzgue a la gente de este tiempo, la reina del Sur se levantará y la condenará; porque ella vino de lo más lejano de la tierra para escuchar la sabiduría de Salomón, y lo que hay aquí es más que Salomón. También los habitantes de Nínive se levantarán en el día del juicio, cuando se juzgue a la gente de este tiempo, y la condenarán; porque los de Nínive se convirtieron a Dios cuando oyeron el mensaje de Jonás, y lo que hay aquí es más que Jonás".

Lectura: Frente al deseo de la gente que busca en Jesús milagros espectaculares, Él se resiste a caer en la tentación de ejercer un mesianismo de poder. El verdadero signo de su condición mesiánica será su muerte y resurrección, anticipadas simbólicamente en la predicación de Jonás y en la sabiduría de Salomón.

Meditación: ¿Quién es Jesús? Si es el Mesías, ¿por qué no realiza las acciones que se supone tendría que hacer el Mesías? ¿Por qué, por ejemplo, no libera a su pueblo del yugo romano?, ¿cuáles son las señales que lo acreditan como verdadero Mesías y no como un impostor? Jesús no responde directamente. Se presenta en relación con dos personajes: Jonás y Salomón.

Si Jesús es «más que» Jonás, ¿por qué la gente de Israel no se convierte como se convirtió la población de Nínive (desde el rey hasta los más pequeños, incluidos los animales) con la predicación del profeta Jonás?

Y si Jesús es «más que» Salomón, ¿por qué la gente de Israel no reconoce su sabiduría como reconoció la sabiduría de Salomón la reina del sur? La predicación de Jonás y la sabiduría de Salomón son expresiones que pueden referirse a la Palabra de Dios. Lo que Jesús denuncia es que la gente de su generación busca señales extraordinarias cuando Él les está ofreciendo lo mejor que puede ofrecer, la verdadera señal: la Palabra de Dios.

Oración: También yo, Señor, me parezco bastante a la gente de tu generación. Añoro señales espectaculares de tu presencia eficaz entre nosotros cuando tú nos has dejado tu Palabra y nos has invitado a escucharla y a ponerla en práctica. No hay nada más eficaz que esa Palabra que «penetra hasta partir el alma y el espíritu, las coyunturas y los tuétanos, y discierne los pensamientos y las intenciones del corazón» (Hb 4,12). Ayúdame a acogerla con humildad y gratitud para que pueda saber quién eres y qué esperas de mí. Amén.

Acción: No solo hoy, sino a lo largo de toda la Cuaresma, reserva un tiempo diario para la meditación atenta de la Palabra de Dios tal como nos la ofrece la liturgia.

Cátedra del apóstol S. Pedro

1Pe 5,1-4 Recibiréis la corona de la gloria.
Sal 22. El Señor es mi pastor, nada me falta.
Mt 16,13-19

FEBRERO 22

Cuando Jesús llegó a la región de Cesarea de Filipo preguntó a sus discípulos: "¿Quién dice la gente que es el Hijo del hombre?". Ellos contestaron: "Unos dicen que Juan el Bautista; otros, que Elías, y otros, que Jeremías o algún profeta". "Y vosotros, ¿quién decís que soy?". -les preguntó. Simón Pedro le respondió: "Tú eres el Mesías, el Hijo del Dios viviente". Entonces Jesús le dijo: "Dichoso tú, Simón, hijo de Jonás, porque ningún hombre te ha revelado esto, sino mi Padre que está en el cielo. Y yo te digo que tú eres Pedro, y sobre esta piedra voy a edificar mi Iglesia; y el poder de la muerte no la vencerá. Te daré las llaves del reino de los cielos: lo que ates en este mundo, también quedará atado en el cielo; y lo que desates en este mundo, también quedará desatado en el cielo".

Lectura: La escena del evangelio de hoy es inimaginable en la tórrida Judea. El evangelista Mateo la sitúa en Cesarea de Filipo, a unos 40 kilómetros al norte del lago de Genesaret, al pie del monte Hermón. Jesús hace una doble encuesta a sus discípulos. Primero les pregunta quién dice la gente que es el hijo del hombre y luego qué opinan ellos. Tras la confesión de Pedro, que reconoce a Jesús como Mesías e Hijo de Dios, la escena termina con la entrega del poder de «atar y desatar», semitismo usando para indicar la autoridad recibida de Dios en el gobierno de la Iglesia.

Meditación: Hoy podemos actualizar la encuesta de Jesús. ¿Quién dice la gente de hoy que es Jesús de Nazaret? Los eruditos dicen que es un «judío marginal» (Meier), «un campesino judío» (Crossan), «una invención» (Bermejo Rubio), «un misterio» (Fernández-Carvajal), «el hombre de las cien caras» (Piñero), «un rabino ejemplar» (Sabán) y otras muchas cosas. La mayoría prefiere llamarlo Jesús de Nazaret. Casi siempre añaden como subtítulo de sus investigaciones expresiones parecidas a esta: «aproximación al Jesús histórico». Aunque es muy útil e interesante conocer lo que la ciencia histórica y teológica piensa sobre Jesús hoy, a la postre lo que condiciona nuestras vidas, es lo que pensamos cada uno de nosotros. Lo que de verdad importa no es solo responder como Pedro —«Tú eres el Mesías, el Hijo de Dios vivo»—, sino experimentar que ese mesianismo no se realiza por la vía del triunfo humano, sino de la entrega en la cruz. Esta es la «sabiduría» que escandaliza a los intelectuales de todos los tiempos y que solo los pequeños, los marginados y los sufrientes logran captar. Tras la confesión de Pedro, Jesús «les mandó que no dijesen a nadie que él era el Mesías» para evitar malinterpretaciones. Solo después de la Pascua, tras el escándalo de la muerte y la sorpresa de la resurrección, los discípulos se lanzaron a testificar la fe en Jesús como el Hijo de Dios, como el verdadero Mesías.

Oración: Jesús, no tengo problema en confesarte con los labios como Mesías e Hijo de Dios. Lo que pasa es que no sé bien lo que quiero decir. Si eres el Hijo de Dios, todos nosotros somos también hijos en ti. Si eres el Mesías sufriente, nosotros necesitamos descubrir el valor redentor del sufrimiento. Ayúdame a vivir mi condición de hijo con gratitud y a afrontar todos los sufrimientos de mi vida unido a ti, que les das sentido incorporándolos a tu triunfo. No permitas que me deje llevar por lo que dice la gente. Graba tu imagen en mí para que te responda con el corazón. Amén.

Acción: Sería conveniente dedicar hoy un tiempo a leer y meditar algún libro breve o folleto sobre la persona de Jesús para profundizar en su conocimiento.

Viernes I

Ez 18,21-28 No volveré a acordarme de lo malo que hizo.
Sal 129. Si llevas cuenta de los delitos, Señor, ¿quién podrá resistir?
Mt 5,20-26   **FEBRERO 23**

En aquel tiempo dijo Jesús: "Os digo que si no superáis a los maestros de la ley y a los fariseos en hacer lo que es justo delante de Dios, no entraréis en el reino de los cielos. Habéis oído que a vuestros antepasados se les dijo: 'No mates, pues el que mata será condenado'. Pero yo os digo que todo el que se enoje con su hermano será condenado; el que insulte a su hermano será juzgado por la Junta Suprema, y el que injurie gravemente a su hermano se hará merecedor del fuego del infierno. Así que, si al llevar tu ofrenda al altar te acuerdas de que tu hermano tiene algo contra ti, deja tu ofrenda allí mismo delante del altar y ve primero a ponerte en paz con tu hermano. Entonces podrás volver al altar y presentar tu ofrenda. Si alguien quiere llevarte a juicio, procura ponerte de acuerdo con él mientras aún estés a tiempo, para que no te entregue al juez; porque si no, el juez te entregará a los guardias y te meterán en la cárcel. Te aseguro que no saldrás de allí hasta que pagues el último céntimo".

Lectura: El evangelio de este viernes habla del perdón al prójimo como condición imprescindible para un culto auténtico y de la necesidad de llegar a acuerdos con quienes tenemos algún litigio para no tener que enfrentarnos a un juicio que puede acabar en condena.

Meditación: Es probable que, en más de una ocasión, en el rito penitencial de la Eucaristía, nos hayamos preguntado: ¿Qué sentido tiene celebrar el perdón cuando uno no está dispuesto a perdonar? La vida está llena de agravios: los que recibimos y los que procuramos. A veces, se trata de pequeñas heridas que se curan casi solas con un poco de buena voluntad y el bálsamo de la convivencia. Pero hay veces que se agrandan y se infectan. Hay personas a las que les resultaba «imposible» perdonar las agresiones sufridas. Suele ser común entre las víctimas del terrorismo, de los abusos sexuales y de algunos divorcios y separaciones. A veces, el perdón se entiende como cobardía, rendición o debilidad. Y lo que buscamos cuando nos sentimos heridos es reparación, fuerza y armonía. Los seres humanos necesitamos restaurar lo roto para entrar en un nuevo equilibrio. Pero, ¿es esto a lo máximo a que podemos aspirar? Jesús nos propone ir más lejos. Hacer justicia es necesario, pero casi nunca es suficiente para apaciguar el corazón. Jesús nos invita a perdonar como nosotros somos perdonados por Dios; es decir, infinitamente. No se trata de un imposible precepto ético, sino de una invitación a acoger el don del perdón que viene de Dios. El perdón es —como indica la misma etimología de la palabra— un don que se pide, se acoge, se agradece y se comparte. Solo las personas reconciliadas pueden cambiar de verdad nuestro mundo.

Oración: Con frecuencia me acerco a la Eucaristía o me pongo a orar sin preguntarme si tengo algún motivo de queja contra mi hermano. Creo que, el fondo, se trata de un asunto privado entre tú y yo. Gracias por ayudarme a comprender que no hay culto sin justicia, que la verdadera ofrenda que te agrada es un corazón contrito. Si no me ayudas a experimentar la fuerza de tu perdón en mis debilidades, me temo que no seré capaz de perdonar de corazón a los demás. Quiero ser un discípulo reconciliado y reconciliador, no solamente un creyente cumplidor. Ayúdame tú con la fuerza de tu Espíritu. Amén.

Acción: ¿Recuerdas algún litigio pendiente con alguna persona? ¿Hay alguna forma sencilla de abordarlo desde el diálogo y el perdón?

Sábado I

Dt 26,16-19 Cumplirás todos sus mandamientos.
Sal 118. Dichoso el que canta en la voluntad del Señor.
Mt 5,43-48

FEBRERO 24

En aquel tiempo dijo Jesús: "También habéis oído que antes se dijo: 'Ama a tu prójimo y odia a tu enemigo'. Pero yo os digo: Amad a vuestros enemigos y orad por los que os persiguen. Así seréis hijos de vuestro Padre que está en el cielo, pues él hace que su sol salga sobre malos y buenos, y envía la lluvia sobre justos e injustos. Porque si amáis solamente a quienes os aman, ¿qué recompensa tendréis? ¡Hasta los que cobran impuestos para Roma se portan así! Y si saludáis solamente a vuestros hermanos, ¿qué hacéis de extraordinario? ¡Hasta los paganos se portan así! Vosotros, pues, sed perfectos, como vuestro Padre que está en el cielo es perfecto".

Lectura: El evangelio de hoy recoge las palabras más sorprendentes y provocativas de Jesús. Fascinaron al hindú Gandhi e incomodan a muchos cristianos y personas honradas. Es como si a Jesús se le hubiera ido el discurso de las manos, como si hubiera estirado la cuerda más de la cuenta. Está bien ser amables con las personas, incluso generosos con los necesitados, pero… ¡amar a los enemigos!

Meditación: Este mandato parece contradecir el sentido común y la tendencia natural de los seres humanos a vivir en reciprocidad. Que de vez en cuando la prensa nos cuente el caso de una víctima (de terrorismo o de abusos sexuales) que perdona a sus verdugos parece la excepción que confirma la regla. ¿Por qué Jesús nos pidió a sus seguidores que amáramos a nuestros enemigos sin tener el respaldo de la tradición bíblica y distanciándose del clima general de odio que se respiraba en su entorno? Su lenguaje es escandaloso y asombroso, pero coherente con su experiencia de Dios.

La razón de esta extraña actitud de Jesús la ofrece la última frase del evangelio de hoy: «Sed perfectos, como vuestro Padre celestial es perfecto» (Mt 5,48). En el texto paralelo de Lucas se lee: «Sed misericordiosos como vuestro Padre es misericordioso» (Lc 6,36). Para el israelita, la perfección consistía en la observancia de la Ley. Para el cristiano, es el amor sin límites, como el amor del Padre. Jesús nos pide que dejemos pasar a través de nosotros la compasión de Dios. Sus palabras no son un mandato, sino una revelación: podemos amar a nuestros enemigos porque Dios mismo los ama.

Oración: Padre, conozco bien a los amigos que tú me has regalado, pero no sabría decir quiénes son mis enemigos y si yo soy enemigo de alguien. En cualquier caso, ayúdame a ser canal de tu misericordia. No permitas que mis sentimientos vengativos o mi cobardía para abordar los conflictos sean un obstáculo para que tú llegues al corazón de todos tus hijos. Ayúdame también a superar la tendencia a juzgar y discriminar a quienes no piensan o viven como yo. Si tú haces salir el sol de tu amor sobre todos, no permitas que yo deje a algunos en la sombra del odio o la indiferencia. Amén.

Acción: Si no te sientes todavía con fuerza para perdonar a quienes te han ofendido, pídele al Señor que te conceda la gracia del perdón.

Domingo II

Gn 22,1-2.9-13.15-18 Te bendeciré mucho.
Sal 115. Caminaré en presencia del Señor en el país de la vida.
Rm 8,31b-34 Dios está a nuestro favor.
Mc 9,2-10

FEBRERO 25

Seis días después, Jesús se fue a un monte alto, llevando con él solamente a Pedro, Santiago y Juan. Allí, en presencia de ellos, cambió la apariencia de Jesús. Sus ropas se volvieron brillantes y blancas, como nadie podría dejarlas por mucho que las lavara. Y vieron a Elías y Moisés, que conversaban con Jesús. Pedro le dijo a Jesús: "Maestro, ¡qué bien que estemos aquí! Vamos a hacer tres chozas: una para ti, otra para Moisés y otra para Elías." Es que los discípulos estaban asustados y Pedro no sabía qué decir. En esto vino una nube que los envolvió en su sombra. Y de la nube salió una voz: "Éste es mi Hijo amado. Escuchadle". Al momento, al mirar a su alrededor, ya no vieron a nadie con ellos, sino sólo a Jesús. Mientras bajaban del monte les encargó Jesús que no contaran a nadie lo que habían visto, hasta que el Hijo del hombre hubiera resucitado. Así que guardaron el secreto entre ellos, aunque se preguntaban qué sería eso de resucitar.

Lectura: Marcos sitúa esta escena en el centro de su evangelio. Jesús es consciente de que sus discípulos lo siguen sin saber muy bien quién es. A menudo expresan sus dudas, sus dificultades para entender su mensaje o para aceptar las consecuencias prácticas que de él se derivan. Por eso los invita a subir al monte. Es una excursión mistagógica. A partir de esta experiencia «en un monte alto», ya no se trata de hacer preguntas, sino de prepararse para aceptar con humildad el Misterio de Jesús, su desconcertante destino; en otras palabras, su muerte y resurrección.

Meditación: En la cima del monte, los tres discípulos escogidos experimentan con una claridad meridiana quién es Jesús, pero esa luz no les dispensa de un largo itinerario de aceptación. Es verdad que Jesús es el Hijo amado del Padre, que Moisés (la Ley) y Elías (los profetas) dan testimonio de Él, pero eso no les ahorra el salto de la fe. Cuando desciendan de la montaña al valle, tendrán que seguir madurando. Una cosa es clara: de quién sea este Jesús al que siguen dependerá su propia identidad y su futuro. No es lo mismo seguir a un maestro extravagante que al Enviado de Dios. Esta experiencia puede ser calificada de «transfiguración» porque nos cambia por dentro y por fuera, nos hace seres luminosos que descienden al valle de la vida cotidiana con el rostro radiante. Pero esto no dura para siempre. Lo normal es que, si no seguimos cultivando esta «experiencia del monte» a través de una oración asidua, nuestro rostro se irá apagando con el paso del tiempo. Al final, cuando nos llegue la hora de la muerte, nuestra vida se habrá convertido en una hostia dispuesta para la definitiva Eucaristía, para la transfiguración total.

Oración: Señor, subo al monte contigo cargado con la mochila de mis preocupaciones e inquietudes. Ilumíname con la luz radiante de tu rostro para que pueda bajar de nuevo al valle de la vida cotidiana confortado por ti, con la seguridad de que también yo soy un hijo amado del Padre. El secreto se convertirá en confesión gozosa cuando tú me incorpores al misterio de tu muerte y resurrección y transformes mi imagen desfigurada por la duda y el pecado en una imagen transfigurada como la tuya. Amén.

Acción: Hoy es un día para contemplar más que para actuar. Procúrate un lugar tranquilo. Pídele al Espíritu que te ayude a orar con el texto del evangelio de este domingo y que te permita dejarte mirar por el Cristo transfigurado.

Lunes II

Dn 9,4b-10 De ti es propio ser compasivo y perdonar.
Sal 78. Señor, no nos trates como merecen nuestros pecados.
Lc 6,36-38   FEBRERO **26**

En aquel tiempo dijo Jesús: "Sed compasivos, como también vuestro Padre es compasivo. No juzguéis a nadie y Dios no os juzgará a vosotros. No condenéis a nadie y Dios no os condenará. Perdonad y Dios os perdonará. Dad a otros y Dios os dará a vosotros: llenará vuestra bolsa con una medida buena, apretada, sacudida y repleta. Dios os medirá con la misma medida con que vosotros midáis a los demás".

Lectura: El evangelio de hoy prosigue el sermón de la montaña. Jesús nos invita a ser compasivos, a no juzgar, a no condenar, a perdonar, a dar y a medir con una medida generosa. Los seis verbos son un reflejo de lo que Dios hace con nosotros.

Meditación: Las palabras de Jesús proponen una alternativa radical a la manera como solemos comportarnos los seres humanos. No vamos a cambiar a base de esfuerzos titánicos. El perdón es fruto de sabernos perdonados. Cuando en algunos momentos críticos de nuestra vida hemos experimentado la fuerza del perdón (por parte de los demás y de Dios), entonces aprendemos a perdonar. En este caso, como en tantos otros, nadie da lo que no tiene.

Oración: Señor, me gustaría medir a los demás con la medida de compasión con la que tú me mides a mí. Sin embargo, tiendo a juzgar y a condenar. He sido más educado para ser crítico que para ser compasivo. Por eso, necesito el bálsamo de tu misericordia para suavizar todas las fricciones que desgastan mis relaciones con los demás. Que donde haya ofensa, ponga yo perdón; que donde haya odio, ponga yo amor. Amén.

Acción: A quienes nos caen bien solemos perdonarles todo. A quienes nos caen mal, no les pasamos ni una. Hoy puede ser un buen día para poner nombres y rostros a estas dos categorías de personas y aprender a medir a todos con la medida del amor.

Martes II

Is 1,10.16-20 Esforzaos en hacer lo que es justo.
Sal 49. Al que sigue buen camino le haré ver la salvación de Dios.
Mt 23,1-12   FEBRERO **27**

En aquel tiempo Jesús habló a la gente y a sus discípulos, diciendo: "Los maestros de la ley y los fariseos son los encargados de interpretar la ley de Moisés. Por lo tanto, obedecedlos y haced todo lo que os digan. Pero no sigáis su ejemplo, porque dicen una cosa y hacen otra. Atan cargas pesadas, imposibles de soportar, y las echan sobre los hombros de los demás, mientras que ellos mismos no quieren tocarlas ni siquiera con un dedo. Todo lo hacen para que la gente los vea. Les gusta llevar sobre la frente y en los brazos cajitas con textos de las Escrituras, y vestir ropas con grandes borlas. Desean los mejores puestos en los banquetes, los asientos de honor en las sinagogas, ser saludados con todo respeto en la calle y que la gente los llame maestros. Pero vosotros no os hagáis llamar maestros por la gente, porque todos sois hermanos y uno solo es vuestro Maestro. Y no llaméis padre a nadie en la tierra, porque uno solo es vuestro Padre: el que está en el cielo. Ni os hagáis llamar jefes, porque vuestro único Jefe es Cristo. El más grande entre vosotros debe servir a los demás. Porque el que a sí mismo se engrandece, será humillado; y el que se humilla, será engrandecido".

Lectura: Los discípulos de Jesús no deben practicar las actitudes y conductas que se dan entre los fariseos: la hipocresía, el exhibicionismo y los privilegios. Los títulos de maestro, padre y jefe están reservados a Dios y a Jesús. La fraternidad y el servicio son los rasgos distintivos de los cristianos.

Meditación: Frente a la lógica de la ambición y el dominio, Jesús propone la lógica del servicio y la entrega. No es un pequeño retoque estético. Supone un cambio completo de perspectiva. La razón es clara y tiene que ver con su misión: «El Hijo del hombre no ha venido para que le sirvan, sino para servir y dar su vida en rescate por muchos». El ideal de Jesús no ha sido dominar sobre los demás, sino dar la vida por todos. Este es siempre nuestro desafío. Cuando observamos cómo nos conducimos en la práctica quienes nos decimos cristianos, cuáles son nuestras prioridades en la vida, qué ambiciones cultivamos, no es claro que hayamos entendido bien la lección del Maestro. Si la hubiéramos entendido, ¡hasta nuestro lenguaje tendría que cambiar y hacerse más evangélico!

Oración: Escuchando tus palabras, se me ha clavado en el corazón que «todos somos hermanos» porque tenemos un mismo Padre. Me sorprendo todavía haciendo categorías entre las personas según su talento, su clase social o su poder adquisitivo. Ayúdame a cambiar mis actitudes y hasta mi lenguaje para que reflejen bien lo que tú quieres en la comunidad de tus discípulos. Amén.

Acción: Pregúntate si sueles discriminar a la gente o ves a todos como hermanos. Examina el lenguaje que sueles usar cuando te refieres a las personas que tienen autoridad. ¿Percibes que tienes que cambiar algo para ajustarte a las recomendaciones de Jesús?

Miércoles II

Jr 18,18-20 ¿Es con el mal como se paga el bien?
Sal 30. Sálvame, Señor, por tu misericordia.
Mt 20,17-28

Yendo camino de Jerusalén llamó Jesús aparte a sus doce discípulos y les dijo: "Como veis, ahora vamos a Jerusalén. Allí el Hijo del hombre será entregado a los jefes de los sacerdotes y a los maestros de la ley; lo condenarán a muerte y lo entregarán a los extranjeros para que se burlen de él, le golpeen y lo crucifiquen; pero al tercer día resucitará". La madre de los hijos de Zebedeo se acercó con ellos a Jesús, y se arrodilló para pedirle un favor. Jesús le preguntó: "¿Qué quieres?". Ella le dijo: "Manda que estos dos hijos míos se sienten en tu reino uno a tu derecha y el otro a tu izquierda". Jesús contestó: "No sabéis lo que pedís. ¿Podéis beber la copa amarga que voy a beber yo?". Le dijeron: "Podemos". Jesús les respondió: "Vosotros beberéis esa copa de amargura, pero el sentaros a mi derecha o a mi izquierda no me corresponde a mí darlo. Será para quienes mi Padre lo ha preparado". Cuando los otros diez discípulos oyeron todo esto, se enojaron con los dos hermanos. Pero Jesús los llamó y les dijo: "Sabéis que, entre los paganos, los jefes gobiernan con tiranía a sus súbditos y los grandes descargan sobre ellos el peso de su autoridad. Pero entre vosotros no debe ser así. Al contrario, el que entre vosotros quiera ser grande, que sirva a los demás; y el que entre vosotros quiera ser el primero, que sea vuestro esclavo. Porque, del mismo modo, el Hijo del hombre no ha venido para ser servido, sino para servir y dar su vida en pago de la libertad de todos".

Lectura: Por tercera vez Jesús anuncia que en Jerusalén vivirá la pasión, la muerte y la resurrección. La madre de los Zebedeos parece no haber entendido el mensaje. Sigue soñando que sus hijos ocupen puestos de honor y poder en el Reino anunciado por Jesús. Los demás discípulos reaccionan con enojo. A pesar de haber convivido con Jesús, siguen manteniendo los criterios del mundo.

Meditación: Santiago y su hermano Juan eran conocidos como «Boanerges» (hijos del trueno). Debían de tener un carácter impulsivo y, desde luego, ambicioso, aunque parece que la portavoz de su ambición fue su madre. Como los otros discípulos, vivieron un itinerario formativo junto a Jesús, pero, a primera vista, con pocos resultados. Les seducía el Maestro, pero no lograban entender su lógica. Quizás, en el fondo, no estaban demasiado lejos de Judas Iscariote. Todos ellos soñaban un reino de Dios como lo imaginaban los judíos de su tiempo: como el triunfo sobre la potencia romana y la instauración de un Israel independiente. Su lógica era la que ha dominado la historia. Jesús la sintetizó muy bien: «Sabéis que los jefes de los pueblos los tiranizan y que los grandes los oprimen». Jesús marca una diferencia neta entre la lógica del mundo y la lógica del Reino: «Entre vosotros no debe ser así». Lo que caracteriza al seguidor de Jesús es el poder del servicio y de la entrega, no el poder de dominio.

Oración: Creo que también yo pertenezco al grupo de tus discípulos y comparto su punto de vista. Con las palabras hablo de entrega y de servicio, pero con mis actitudes sigo buscando mis intereses. No acabo de entender tu lógica, aunque me refiera a ella. Solo si tú me enseñas otra manera de entender la vida, si la grabas a fuego en mi corazón, puedo empezar a parecerme a ti. Ayúdame a servir, no a dominar, a entregar la vida, no a asegurarla a cualquier precio. Amén.

Acción: La actitud de servicio se demuestra sirviendo. No dejes que pase este día sin ayudar a alguien de tu entorno que pueda estar necesitando que le eches una mano.

Jueves II

Jr 17,5-10 Bendito el que pone en mí su esperanza.
Sal 1. Dichoso el hombre que ha puesto su confianza en el Señor.
Lc 16,19-31

En aquel tiempo dijo Jesús: "Había una vez un hombre rico, que vestía ropas espléndidas y todos los días celebraba brillantes fiestas. Había también un mendigo llamado Lázaro, el cual, lleno de llagas, se sentaba en el suelo a la puerta del rico. Este mendigo deseaba llenar su estómago de lo que caía de la mesa del rico; y los perros se acercaban a lamerle las llagas. Un día murió el mendigo, y los ángeles lo llevaron junto a Abraham, al paraíso. Y el rico también murió, y lo enterraron. El rico, padeciendo en el lugar al que van los muertos, levantó los ojos y vio de lejos a Abraham, y a Lázaro con él. Entonces gritó: ¡Padre Abraham, ten compasión de mí! Envía a Lázaro, a que (...) venga a refrescar mi lengua, porque estoy sufriendo mucho entre estas llamas'. Pero Abraham le contestó: 'Hijo, recuerda que a ti te fue muy bien en la vida y que a Lázaro le fue muy mal. (...) Pero además hay un gran abismo abierto entre nosotros y vosotros; de modo que los que quieren pasar de aquí ahí, no pueden, ni los de ahí tampoco pueden pasar aquí'. El rico dijo: 'Te suplico entonces, padre Abraham, que envíes a Lázaro a casa de mi padre, donde tengo cinco hermanos. Que les hable, para que no vengan también ellos a este lugar de tormento'. Abraham respondió: 'Ellos ya tienen lo que escribieron Moisés y los profetas: ¡que les hagan caso! (...) Si no quieren hacer caso a Moisés y a los profetas, tampoco creerán aunque algún muerto resucite'".

Lectura: La parábola del pobre Lázaro (con nombre) y de un ricachón (sin nombre) admite varios niveles de lectura. Quizás la clave más profunda la ofrece el versículo puesto en boca de Abraham: «Si no quieren hacer caso a Moisés y a los profetas, tampoco creerán, aunque algún muerto resucite». El nuevo Moisés y el profeta definitivo es Jesús. Si no lo escuchamos a Él como revelador de Dios, es inútil creer en apariciones, visiones u otros fenómenos extraordinarios.

Meditación: Prestemos atención a algunos personajes de la parábola que tienen nombre: un mendigo llamado Lázaro, el patriarca Abrahán, Moisés y, por supuesto, Dios. Pero hay otros que no tienen nombre: un ricachón «que se vestía de púrpura y de lino y banqueteaba cada día», su padre y sus cinco hermanos. La historia que cuenta la parábola de Jesús es muy conocida, pero quizá no bien interpretada. Jesús no dice que el hombre rico sea malo y que el pobre Lázaro sea bueno. Jesús quiere poner de relieve el fuerte contraste entre dos estilos de vida, la brecha que separa dos mundos, aunque estén físicamente cercanos. El «abismo» que se ha creado en la tierra entre los que tienen mucho y derrochan se reproduce en sentido contrario en el cielo. El gran problema del rico es que no se dio cuenta a tiempo de este abismo y, por tanto, no hizo nada para superarlo. Nosotros tenemos a Jesús. Su vida y su palabra nos hablan con claridad del mundo que Dios quiere. No hace falta que se produzca ningún milagro. Si todos somos hijos del mismo Padre, no puede haber tantos «abismos» entre los hermanos.

Oración: A veces, Señor, no me doy cuenta de los abismos que hay en mi vida. Estoy contento en mi burbuja. Ayúdame a abrir los ojos, a escuchar tu Palabra para comprender cómo es el mundo que Dios sueña y ponerme completamente a su servicio. Amén.

Acción: Dedica un tiempo a caer en la cuenta de los «abismos» que te separan de las personas que pertenecen a otra clase social, que piensan de manera distinta o que no forman parte de tu mundo de preocupaciones.

Viernes II

Gn 37,3-4.12-13a.17b-28 Hicieron planes para matarlo.
Sal 104. Recordad las maravillas que hizo el Señor.
Mt 21,33-43.45-46

*E*n aquel tiempo dijo Jesús: "Escuchad otra parábola: El dueño de una finca plantó una viña, le puso una cerca, construyó un lagar y levantó una torre para vigilarla. Luego la arrendó a unos labradores y se fue de viaje. Llegado el tiempo de la vendimia, mandó unos criados a recibir de los labradores la parte de la cosecha que le correspondía. Pero los labradores echaron mano a los criados: golpearon a uno, mataron a otro y a otro lo apedrearon. El dueño envió otros criados, en mayor número que al principio; pero los labradores los trataron a todos del mismo modo. Por último mandó a su propio hijo, pensando: 'Sin duda, respetarán a mi hijo'. Pero cuando vieron al hijo, los labradores se dijeron unos a otros: 'Éste es el heredero; matémoslo y nos quedaremos con la viña'. Así que le echaron mano, lo sacaron de la viña y lo mataron. Pues bien, cuando vuelva el dueño de la viña, ¿qué creéis que hará con aquellos labradores?". Le contestaron: "Matará sin compasión a esos malvados y dará la viña a otros labradores que le entreguen a su debido tiempo la parte de la cosecha que le corresponde". Jesús les dijo: "¿Nunca habéis leído lo que dicen las Escrituras?: 'La piedra que despreciaron los constructores es ahora la piedra principal. Esto lo ha hecho el Señor y nosotros estamos maravillados'. Por eso os digo que a vosotros se os quitará el reino, y se le dará a un pueblo que produzca los frutos debidos. Los jefes de los sacerdotes y los fariseos (...) comprendieron que se refería a ellos (...).

Lectura: Jesús, como buen judío, es un experto en viñas. Conoce la historia que cuenta Isaías (5,1-7) y cómo son y actúan los viticultores de su entorno. Con esos elementos ha compuesto una parábola que tiene poco de relato bucólico y mucho de denuncia profética. Es, en realidad, una alegoría desarrollada por el evangelista. Todos los detalles del relato tienen un significado simbólico que conviene analizar.

Meditación: El amo es el Señor. Él cuida de su pueblo como el viñador de su viña. La cerca es la Torá, la ley que Dios ha revelado a su pueblo Israel para protegerlo de un estilo de vida dañino. Los labradores son los jefes, líderes religiosos y políticos, cuya tarea es colocar al pueblo en condiciones ideales para que produzca los frutos que el dueño espera: obras de amor al prójimo y justicia social. Los enviados son los profetas que amonestan a Israel para que sea fiel a la alianza (cf. Jr 7,25-26). Los labradores que querían tomar posesión del campo y administrar la viña por sí mismos representan a quienes hacen las cosas sin Dios y se apropian de sus dones. El hijo es Jesús. El tiempo de la vendimia es el tiempo del juicio de Dios. Al final de la parábola, como buen pedagogo, Jesús involucra a su auditorio y le pide su opinión sobre qué comportamiento sugerir al dueño. La gente responde sin contemplaciones: «El amo acabará con esos hombres malvados». La historia tiene un final trágico y esperanzador a un tiempo. Los jefes del pueblo atrapan al hijo y lo echan de la viña. Esto es lo que sucedió con Jesús. Lo sacaron de los muros de la ciudad y lo ejecutaron. Pero Dios, resucitándolo al tercer día, lo hizo piedra angular de un nuevo edificio más universal que el antiguo del pueblo de Israel.

Oración: No quiero ser un viñador homicida, sino un colaborador tuyo en el cuidado de tu viña. Ayúdame, Señor, a dejarme guiar por tu Palabra para producir los frutos que esperas de mí. Amén.

Acción: En el contexto de las viejas iglesias cristianas, pregúntate quiénes son hoy los «nuevos viñadores» que están produciendo fruto. ¿Te dice algo esto?

Sábado II

Miq 7,14-15.18-20 No hay otro Dios como tú.
Sal 102. El Señor es compasivo y misericordioso.
Lc 15,1-3.11-32

MARZO **2**

*T*odos los que cobraban impuestos para Roma, y otras gentes de mala fama, se acercaban a escuchar a Jesús. Y los fariseos y maestros de la ley le criticaban diciendo: "Este recibe a los pecadores y come con ellos". Entonces Jesús les contó esta parábola: "Un hombre tenía dos hijos. El más joven le dijo: 'Padre, dame la parte de la herencia que me corresponde'. Y el padre repartió los bienes entre ellos. Pocos días después, el hijo menor vendió su parte y se marchó lejos, a otro país, donde todo lo derrochó viviendo de manera desenfrenada. Cuando ya no le quedaba nada, (...) comenzó a pasar necesidad. (...) Al fin se puso a pensar: '(...) Volveré a la casa de mi padre y le diré: Padre, he pecado contra Dios y contra ti, y ya no merezco llamarme tu hijo: trátame como a uno de tus trabajadores'. Así que se puso en camino y regresó a casa de su padre. Todavía estaba lejos, cuando su padre le vio; y sintiendo compasión de él corrió a su encuentro y le recibió con abrazos y besos. (...) Entre tanto, el hijo mayor se hallaba en el campo. Al regresar, (...) oyó la música y el baile. (...) Tanto irritó esto al hermano mayor, que no quería entrar; así que su padre tuvo que salir a rogarle que lo hiciese (...): 'Hijo, tú siempre estás conmigo y todo lo mío es tuyo. Pero ahora debemos hacer fiesta y alegrarnos, porque tu hermano, que estaba muerto, ha vuelto a vivir; se había perdido y lo hemos encontrado'".

Lectura: En el evangelio de hoy se lee esta conocida parábola, quizás la más larga y hermosa de cuantas contó Jesús para explicar en qué consiste la misericordia de Dios Padre.

Meditación: La parábola es un guion perfecto para entender quiénes somos nosotros (a veces, derrochadores e irresponsables como el hijo pequeño; casi siempre, cumplidores y rígidos como el hijo mayor) y, sobre todo, quién es Dios. Solo se entiende la fuerza de esta parábola cuando caemos en la cuenta de quiénes son sus primeros destinatarios. Lucas lo aclara al comienzo de la narración: «Todos los recaudadores de impuestos y los pecadores se acercaban a escuchar. Los fariseos y los doctores murmuraban: Éste recibe a pecadores y come con ellos» (Lc 15,1-2). Hay dos grupos: por una parte, los recaudadores y pecadores, que, sin ninguna dificultad, se van a reconocer en la figura del hijo menor; por otra, los fariseos y doctores, que no se van a dar por aludidos cuando Jesús retrate la rigidez y tristeza del hijo mayor. A ambos los quiere el padre. A ambos les abre la puerta de un nuevo futuro. En ambos casos, el Padre toma la iniciativa, atiende a cada uno según su necesidad. Le mueve el amor, no el castigo o el reproche.

Nos pasamos la vida preguntándonos si nos parecemos más al hijo menor o al mayor. El mensaje de Jesús nos empuja más allá: quiere que todos, grandes y pequeños, acabemos pareciéndonos al Padre; es decir, que desarrollemos una enorme comprensión hacia todos los seres humanos.

Oración: Gracias, Padre, porque eres el primero en ponerte siempre en camino para acogerme. Da igual que a veces me porte como el hijo menor y otras como el mayor. Siempre sales a mi encuentro. Ayúdame a levantarme con prontitud y a acoger con un corazón agradecido la fiesta que me preparas. Amén.

Acción: Haz una lista con las actitudes y conductas que reflejan tu situación de «hijo menor» y otra con las que reflejan tu condición de «hijo mayor». Pregúntate luego cómo podrías ir avanzando hacia una espiritualidad que refleje mejor la actitud del Padre hacia todos los seres humanos.

Domingo III

Ex 20,1-17 No tengas otros dioses aparte de mí.
Sal 18. Señor, tú tienes palabras de vida eterna.
1Co 1,22-25 El poder y la sabiduría de Dios.
Jn 2,13-25

MARZO **3**

Como se acercaba la fiesta de la Pascua de los judíos, Jesús fue a Jerusalén; y encontró en el templo a los vendedores de bueyes, ovejas y palomas, y a los que tenían puestos donde cambiar el dinero. Al ver aquello, Jesús hizo un látigo con unas cuerdas y los echó a todos del templo, junto con las ovejas y los bueyes. Arrojó al suelo las monedas de los cambistas y les volcó las mesas. A los vendedores de palomas les dijo: "¡Sacad eso de aquí! ¡No convirtáis en un mercado la casa de mi Padre!" Sus discípulos recordaron entonces la Escritura que dice: "Me consumirá el celo por tu casa." Los judíos le preguntaron: "¿Qué prueba nos das de que tienes autoridad para actuar así?" Jesús les contestó: "Destruid este templo y en tres días lo levantaré." Le dijeron los judíos: "Cuarenta y seis años tardaron en construir este templo, ¿y tú vas a levantarlo en tres días?" Pero el templo al que Jesús se refería era su propio cuerpo. Por eso, cuando resucitó, sus discípulos se acordaron de lo que había dicho y creyeron en la Escritura y en las palabras de Jesús. Mientras Jesús estaba en Jerusalén, en la fiesta de la Pascua, muchos creyeron en él al ver las señales milagrosas que hacía. Pero Jesús no confiaba en ellos, porque los conocía a todos. No necesitaba ser informado acerca de nadie, pues él mismo conocía el corazón de cada uno.

Lectura: El templo de Jerusalén es un símbolo del templo vivo que es Jesús mismo. Ninguno de los dos es un mercado, sino el espacio en el que Dios se nos revela y a través del cual podemos acceder a Él.

Meditación: En el corazón del itinerario hacia la Pascua la liturgia nos despierta de nuestro letargo. En un mundo idolátrico, Dios mismo nos regala diez palabras (decálogo) de vida (primera lectura). En un mundo sensacionalista y racionalista, Pablo nos recuerda que Cristo es siempre un escándalo y una necedad (segunda lectura). La escena de Jesús en el templo, narrada por los cuatro evangelios, prueba de su importancia e impacto, no puede ser más desconcertante. El «manso y humilde de corazón» (Mt 11,29) agarra un látigo improvisado y acaba con el negocio organizado en el templo de Jerusalén con motivo de la Pascua. No es que templo y dinero casen mal, sino que incluso el templo mismo ha perdido ya su significado. Cristo —su cuerpo muerto y resucitado— es ahora el verdadero «lugar» para el encuentro con Dios, para adorar a Aquel que nos ha pedido amarlo «con todo el corazón, con toda el alma y con todas las fuerzas». No necesitamos practicar el culto de la vida en estructuras construidas con piedra, hierro y madera, sino a través de un corazón abierto al Espíritu de Dios.

Oración: Adoro, Jesús, el templo vivo de tu cuerpo. Lo adoro en la belleza de su armonía resucitada y en la fealdad de los cuerpos de tantos hombres y mujeres desfigurados. Sigo orando en templos construidos por los hombres, pero sé que los verdaderos adoradores de Dios ya no necesitamos ir a ningún lugar material, por hermoso que sea, porque tú nos has dicho que lo adoraremos «en Espíritu y en verdad». No permitas que me desvíe de este camino. Amén.

Acción: Visita hoy el templo en el que sueles orar y celebrar regularmente. En ese lugar familiar para ti, medita con tranquilidad el evangelio de hoy.

Lunes III

2Re 5,1-15a Hay un profeta en Israel.
Sal 41. Mi alma tiene sed del Dios vivo: ¿cuándo veré
el rostro de Dios?
Lc 4,24-30

MARZO **4**

*E*n aquel tiempo Jesús dijo: "Os aseguro que ningún profeta es bien recibido en su propia tierra. Verdaderamente había muchas viudas en Israel en tiempos del profeta Elías, cuando no llovió durante tres años y medio y hubo mucha hambre en todo el país. Sin embargo, Elías no fue enviado a ninguna de las viudas israelitas, sino a una de Sarepta, cerca de la ciudad de Sidón. También había en Israel muchos enfermos de lepra en tiempos del profeta Eliseo, pero ninguno de ellos fue sanado, sino Naamán, que era de Siria". Al oír esto, todos los que estaban en la sinagoga se llenaron de ira. Se levantaron y echaron del pueblo a Jesús. Lo llevaron a lo alto del monte sobre el que se alzaba el pueblo, para arrojarle abajo. Pero Jesús pasó por en medio de ellos y se fue.

Lectura: El evangelio de hoy es el colofón de la visita que Jesús hace a la sinagoga de Nazaret, su pueblo. En ella es invitado a leer el capítulo 61 del libro de Isaías en el que se anuncia el año de gracia del Señor y no el día de la venganza. La reacción inicial de admiración y asombro por parte de sus paisanos se torna en desprecio y persecución cuando se sienten interpelados.

Meditación: La mención elogiosa de la viuda de Sarepta y del leproso Naamán, ambos extranjeros, exaspera a los paisanos de Jesús. A menudo, son los excluidos y los extranjeros quienes mejor acogen el mensaje del Evangelio. Hoy como ayer nos llenamos de ira cuando nos sentimos interpelados. Lo que nos convierte en discípulos de Jesús no es el hecho de haber nacido en un país de tradición cristiana o en el seno de una familia practicante, sino el compromiso de anunciar el año de gracia a los pobres como hizo Jesús. Seguimos sorprendiéndonos de que hoy el profeta Jesús sea a veces mejor acogido y seguido fuera de su comunidad (la Iglesia) que dentro de ella. Cuando esto sucede, Él pasa por en medio de nosotros y se va a otros lugares donde es mejor acogido.

Oración: No pases de largo, Jesús, aunque a veces caigamos en la tentación de considerarnos los mejores, de creer que basta ser de los tuyos, de los de siempre, para hacer vida el Evangelio. Danos la humildad y la audacia de la viuda de Sarepta y del leproso Naamán para creer en ti y confiar en tu poder sanador. Siguiendo tus huellas, también nosotros podemos llevar la Buena Noticia a los pobres y a quienes necesitan el año de gracia de Dios. Amén.

Acción: Pregúntate hoy qué palabras de Jesús o qué decisiones de la Iglesia te incomodan porque no se ajustan a tu manera de pensar. ¿No será que están tocando una herida aún no cicatrizada?

Martes III

Dn 3,25.34-43 *Los que confían en ti no quedarán en ridículo.*
Sal 24. *Señor, recuerda tu misericordia.*
Mt 18,21-35

En aquel tiempo Pedro fue y preguntó a Jesús: "Señor, ¿cuántas veces he de perdonar a mi hermano, si me ofende? ¿Hasta siete?". Jesús le contestó: "No te digo hasta siete veces, sino hasta setenta veces siete. Por eso, el reino de los cielos se puede comparar a un rey que quiso hacer cuentas con sus funcionarios. Había comenzado a hacerlas, cuando le llevaron a uno que le debía muchos millones. Como aquel funcionario no tenía con qué pagar, el rey ordenó que lo vendieran como esclavo, junto con su esposa, sus hijos y todo lo que tenía, a fin de saldar la deuda. El funcionario cayó de rodillas delante del rey, rogándole: 'Señor, ten paciencia conmigo y te lo pagaré todo'. El rey tuvo compasión de él, le perdonó la deuda y lo dejó ir en libertad. Pero al salir, aquel funcionario se encontró con un compañero que le debía una pequeña cantidad. Lo agarró del cuello y lo ahogaba, diciendo: '¡Págame lo que me debes!'. El compañero se echó a sus pies, rogándole: 'Ten paciencia conmigo y te lo pagaré todo'. Pero el otro no quiso, sino que le hizo meter en la cárcel hasta que pagara la deuda. Esto disgustó mucho a los demás compañeros, que fueron a contar al rey todo lo sucedido. (...) Tanto se indignó el rey, que ordenó castigarle hasta que pagara toda la deuda". Jesús añadió: "Esto mismo hará con vosotros mi Padre celestial si cada uno no perdona de corazón a su hermano".

Lectura: En el evangelio de hoy Jesús cuenta la «orientalísima» (por exagerada) parábola del rey (a quien le debían diez mil talentos) y del empleado (a quien le debían solo cien denarios). El abismo entre las dos cantidades sirve de trasfondo literario para explicar en qué consiste el perdón de Dios y cómo debemos reflejarlo en nuestras relaciones humanas.

Meditación: Ante una ofensa, los antiguos reaccionaban aplicando una violencia desmesurada. La ley del talión introdujo un poco de mesura: «ojo por ojo, diente por diente, herida por herida» (Ex 21,24). El pueblo de Israel fue incluso más lejos: «Si un ser humano alimenta la ira contra otro, ¿cómo puede esperar la curación del Señor?» (Eclo 28,3). En tiempos de Jesús, los escribas sostenían que un buen israelita debía perdonar hasta un máximo de tres veces. En ese contexto, se comprende mejor la pregunta de Pedro: «¿Cuántas veces debo perdonar a mi hermano? ¿Hasta siete veces?» (Mt 18,21). La respuesta de Jesús es hiperbólica, desproporcionada, increíble: «No te digo hasta siete veces, sino hasta setenta veces siete». Es decir, sin límites. Hay situaciones humanas que nos desbordan y que claman justicia y hasta venganza. El odio corroe el propio corazón, hace inhumana la vida. Pero es un licor embriagador que seduce a muchos y que parece anestesiar el dolor. La única medicina conocida es el perdón. ¿Es posible perdonar a otro cuando uno mismo nunca ha tenido la experiencia de ser perdonado? Esta es la pregunta que Jesús nos fórmula con su parábola exagerada.

Oración: Señor, sé que solo puedo perdonar a los demás si me regalas la experiencia de ser perdonado. Ayúdame a comprender que vivo por pura misericordia. Solo así tendré la humildad y la fuerza necesarias para perdonar a quienes me han agraviado. Haz que no me canse de reflejar en mis relaciones el perdón que continuamente recibo de ti. Amén.

Acción: Fíjate hoy en tu manera de hablar. ¿Abusas de un lenguaje agresivo y violento? ¿Sueles criticar a quienes no te caen bien? ¿Cómo puedes crecer en un lenguaje compasivo que muestre tu capacidad de perdonar las debilidades de los demás?

Miércoles III

Dt 4,1.5-9 No apartéis las leyes del Señor.
Sal 147. Glorifica al Señor, Jerusalén.
Mt 5,17-19

En aquel tiempo dijo Jesús: "No penséis que yo he venido a poner fin a la ley de Moisés y a las enseñanzas de los profetas. No he venido a ponerles fin, sino a darles su verdadero sentido. Porque os aseguro que mientras existan el cielo y la tierra no se le quitará a la ley ni un punto ni una coma, hasta que suceda lo que tenga que suceder. Por eso, el que quebrante uno de los mandamientos de la ley, aunque sea el más pequeño, y no enseñe a la gente a obedecerlos, será considerado el más pequeño en el reino de los cielos. Pero el que los obedezca y enseñe a otros a hacer lo mismo, será considerado grande en el reino de los cielos".

Lectura: Jesús no hace tabla rasa de toda la tradición de su pueblo, no rompe con el tesoro de la Ley o los profetas. Su verdadera misión consiste en llevar a plenitud lo que Dios ha ido revelando progresivamente en la historia del antiguo pueblo.

Meditación: Jesús no es un personaje que surge de la nada. Se inserta en la historia de un pueblo con el que Dios ha establecido su alianza. Hay una clara continuidad con la espera mesiánica de este pueblo escogido, pero, al mismo tiempo, Jesús desborda todas las expectativas. Su misión no rompe con la Ley que hasta entonces había sido el faro que guiaba a su pueblo, sino que la lleva a plenitud porque en Él Dios revela su verdadero rostro. En el tiempo inaugurado por Jesús, ser fieles a la Ley implica ser fieles al Evangelio, no abrogarla sino abrirla a una nueva dimensión en la que los valores del Reino (las bienaventuranzas) son los nuevos mandamientos. La fidelidad pasa por la atención a los pequeños detalles en los que se expresa el amor. No es cuestión de perfeccionismo moral, sino de entrega generosa.

Oración: Señor Jesús, en ti veo concentradas todas las esperanzas del pueblo de Israel. En ti resuenan las voces de los patriarcas, de los jueces, de los reyes y de los profetas. En ti sueñan todos los pobres que a lo largo de la historia han esperado liberación y consuelo. Gracias por ser uno más, por hacerte pueblo, y al mismo tiempo por llevar a plenitud el plan de Dios. Ahora tú eres un Mesías universal. En ti ponen su esperanza todos los pueblos de la tierra. Ayúdanos a vivir la ley nueva del amor no solo en las grandes decisiones de la vida, sino también en los pequeños detalles de cada día. Amén.

Acción: Piensa en las pequeñas cosas que puedes hacer para concretar tu amor a Dios y a las personas de tu entorno.

Jueves III

Jr 7,23-28 La sinceridad ha desaparecido de sus labios.
Sal 94. Ojalá escuchéis hoy la voz del Señor: "No endurezcáis
vuestro corazón".
Lc 11,14-23

MARZO **7**

Jesús estaba expulsando un demonio que había dejado mudo a un hombre. Cuando el demonio salió, el mudo comenzó a hablar. La gente se quedó asombrada, aunque algunos dijeron: "Beelzebú, el jefe de los demonios, es quien ha dado a este hombre poder para expulsarlos". Otros, para tenderle una trampa, le pidieron una señal milagrosa del cielo. Pero él, que sabía lo que estaban pensando, les dijo: "Todo país dividido en bandos enemigos se destruye a sí mismo, y sus casas se derrumban una tras otra. Así también, si Satanás se divide contra sí mismo, ¿cómo mantendrá su poder? Digo esto porque afirmáis que yo expulso a los demonios por el poder de Beelzebú. Pues si yo expulso a los demonios por el poder de Beelzebú, ¿quién da a vuestros seguidores el poder para expulsarlos? Por eso, ellos mismos demuestran que estáis equivocados. Pero si yo expulso a los demonios por el poder de Dios, es que el reino de Dios ya ha llegado a vosotros. Cuando un hombre fuerte y bien armado cuida de su casa, lo que guarda en ella está seguro. Pero si otro más fuerte que él llega y le vence, le quita las armas en las que confiaba y reparte sus bienes como botín. El que no está conmigo está contra mí; y el que conmigo no recoge, desparrama".

Lectura: Jesús cura a un hombre nudo poseído por un poder diabólico. Este hecho provoca la reacción de la gente que se pregunta por el origen de la capacidad curativa de Jesús. No puede venir del demonio porque este no puede luchar contra sí mismo. En realidad, Jesús expulsa a los demonios que esclavizan a los seres humanos con el poder de Dios. Por eso, sus curaciones se convierten en un signo claro de que el reino de Dios a llegado a nosotros.

Meditación: En la antigüedad era normal atribuir muchas enfermedades físicas y desequilibrios psíquicos de las personas al poder del diablo. En los evangelios son varias las ocasiones en las que Jesús cura a distintas personas de la posesión diabólica. Naturalmente, estas curaciones provocan admiración y también dudas acerca del origen de ese poder extraordinario de Jesús. Quienes no aceptan su origen divino, lo atribuyen al mismo demonio, pero Jesús arguye que esta interpretación es absurda porque el demonio no puede destruirse a sí mismo. Aceptar que el poder viene de Dios significa reconocer que con Jesús comienza el reino que Dios quiere establecer en la historia y que es necesario cambiar de mentalidad para entrar en él. Esta llamada implícita a la conversión es la que provoca las reacciones negativas de quienes no quieren cambiar.

Oración: Me abro a ti, Señor Jesús, para que me reveles que contigo ha comenzado ya el reino de Dios en nuestro mundo. A veces prefiero dejarme llevar por el orden viejo, convivo bien con mis demonios. Sé que me esclavizan, pero me dan placer y seguridad. Líbrame tú de todas las ataduras del mal para que pueda reconocer que dedo de Dios está contigo y pueda seguirte con un corazón libre y reconciliado. Amén.

Acción: En clima de oración, pídele a Dios que te ayude a reconocer los «demonios familiares» que te están impidiendo avanzar en el camino espiritual y entregarte a fondo a la causa del Evangelio.

Viernes III

Os 14,2-10 Voy a amarlos, aunque no lo merezcan.
Sal 80. Yo soy el Señor, Dios tuyo: escucha mi voz.
Mc 12,28b-34

Uno de los maestros de la ley, que les había oído discutir, se acercó a Jesús y le preguntó: "¿Cuál es el primero de todos los mandamientos?". Jesús le contestó: "El primer mandamiento de todos es: 'Oye, Israel, el Señor nuestro Dios es el único Señor. Ama al Señor tu Dios con todo tu corazón, con toda tu alma, con toda tu mente y con todas tus fuerzas'. Y el segundo es: 'Ama a tu prójimo como a ti mismo'. Ningún mandamiento es más importante que estos". El maestro de la ley dijo: "Muy bien, Maestro. Es verdad lo que dices: Dios es uno solo y no hay otro fuera de él. Y amar a Dios con todo el corazón, con todo el entendimiento y con todas las fuerzas, y amar al prójimo como a uno mismo, vale más que todos los holocaustos y que todos los sacrificios que se queman en el altar". Al ver Jesús que el maestro de la ley había contestado con buen sentido, le dijo: "No estás lejos del reino de Dios". Y ya nadie se atrevió a hacerle más preguntas.

Lectura: Un maestro de la ley se acerca de buena fe a Jesús para comprobar cómo se sitúa ante algunos problemas de su tiempo. Uno de ellos tenía que ver con la interpretación de la Ley. Los rabinos hablaban de 613 mandamientos, de los cuales 365 (como los días del año) eran preceptos negativos (es decir, acciones que había que evitar) y 248 (como los miembros del cuerpo humano) eran preceptos positivos (es decir, acciones que había que cumplir). En esta selva de mandatos, ¿cuál era el más importante? El debate estaba servido.

Meditación: Muchos escribas defendían que el mandamiento más importante era la observancia del sábado; otros consideraban que era el no tener otros dioses. El famoso rabí Hillel acuñó una fórmula intemporal: «Lo que no quieras para ti, no lo hagas a tu prójimo; esta es toda la ley, el resto es solo comentario». Del rabino Simón se cuenta que decía: «El mundo se apoya en tres pilares: la ley, el culto y las obras de amor». ¿Qué dice Jesús? Alude, en primer lugar, al mandamiento del Deuteronomio que todo israelita piadoso recita tres veces al día: «Escucha, Israel: El Señor, nuestro Dios, es solamente uno. Amarás al Señor, tu Dios, con todo el corazón, con toda el alma, con todas las fuerzas». A la tríada «corazón, alma y fuerzas», Jesús añade un cuarto elemento: la «mente». El amor a Dios debe ser también racional. A continuación, sin que el escriba se lo pida, Jesús añade un segundo mandamiento tomado del libro del Levítico: «Amarás a tu prójimo como a ti mismo» (Lv 19,18). En realidad, los dos mandamientos constituyen uno solo: «Si uno dice que ama a Dios mientras odia a su hermano, es un mentiroso. Quien no ama a su hermano, miente; porque si no ama al hermano a quien ve, no puede amar a Dios a quien no ve» (1 Jn 4,20). No se puede amar a Dios sin amar al prójimo.

Oración: También yo me pierdo a veces en la selva de leyes y preceptos. Me parece que en la Iglesia hemos complicado mucho la sencillez de tus enseñanzas. Ayúdame a poner a Dios y al hermano en el centro. Dame la libertad y la audacia de saber amar para no tener que refugiarme en la seguridad del mero cumplimiento de las normas. Te lo pido a ti, que no dudaste nunca de cuál era el corazón de la Ley. Amén.

Acción: Pregúntate si tu cumplimiento de las normas de la Iglesia es fruto del amor a Dios y a las personas o expresión de tu necesidad de sentirte seguro y justificado.

Sábado III

Os 6,1-6 Lo que quiero de vosotros es que me améis.
Sal 50. Quiero misericordia y no sacrificios.
Lc 18,9-14

En aquel tiempo Jesús contó esta otra parábola para algunos que se consideraban a sí mismos justos y despreciaban a los demás: "Dos hombres fueron al templo a orar: el uno era fariseo, y el otro era uno de esos que cobran impuestos para Roma. El fariseo, de pie, oraba así: 'Oh Dios, te doy gracias porque no soy como los demás: ladrones, malvados y adúlteros. Ni tampoco soy como ese cobrador de impuestos. Ayuno dos veces por semana y te doy la décima parte de todo lo que gano'. A cierta distancia, el cobrador de impuestos ni siquiera se atrevía a levantar los ojos al cielo, sino que se golpeaba el pecho y decía: '¡Oh Dios, ten compasión de mí que soy pecador!'. Os digo que este cobrador de impuestos volvió a su casa perdonado por Dios; pero no el fariseo. Porque el que a sí mismo se engrandece será humillado, y el que se humilla será engrandecido".

Lectura: El evangelio de hoy nos propone la conocida parábola del fariseo y del publicano. Desde un punto de vista moral, el bueno es el fariseo (hace todo lo que un buen israelita tenía que hacer y más); el publicano (es decir, el recaudador de impuestos al servicio de Roma) es un explotador de los pobres, una sanguijuela que les saca los dineros y se queda con parte de ellos; o sea, que, en realidad, es el malo. Pero las parábolas de Jesús no suelen ser tan ingenuas.

Meditación: Conviene prestar atención al modo como Lucas introduce el relato porque nos da la clave para entenderlo: «Jesús dijo esta parábola a algunos que se confiaban en sí mismos por considerarse justos y despreciaban a los demás». No es tanto un problema de conductas cuanto de actitudes. El fariseo se comportaba bien, pero se sentía superior a los demás y esperaba la recompensa de Dios. El publicano era consciente de su mezquindad. No podía alardear de esquilmar a los pobres. Sabedor de que su expediente conductual era pésimo, «quedándose atrás, no se atrevía ni a levantar los ojos al cielo, sino que se golpeaba el pecho diciendo: Oh Dios, ten compasión de este pecador». No esperaba de Dios un premio a sus méritos (que no existían), sino un perdón gratuito (que no merecía). Jesús mismo aclara el desenlace de ambas historias: «Os digo que este [el publicano] bajó a su casa justificado, y aquel [el fariseo] no. Porque todo el que se enaltece será humillado, y el que se humilla será enaltecido». No podemos presumir de ser buenos ante Dios. Todo lo que somos y tenemos es fruto de la gracia.

Oración: Señor, ayúdame a tomar conciencia de mi fragilidad y de tu misericordia. Solo así podré valorar lo mucho que he recibido en la vida, relativizar mis méritos, apreciar los esfuerzos que los demás hacen por ser mejores, no buscar un protagonismo desmedido, ver las muchas semillas de bondad que hay en las personas y, en definitiva, tener un corazón agradecido y compasivo. Amén.

Acción: Haz una lista de los dones que has recibido de Dios, ora a partir de ella con una actitud de acción de gracias. Luego, identifica algunas actitudes farisaicas que pueden estar escondidas. ¿Qué te dice ese contraste?

Domingo IV, «Laetare»

2Cr 36,14-16.19-23 El pueblo extremó su infidelidad.
Sal 136. Que se me pegue la lengua al paladar si no me acuerdo de ti.
Ef 2,4-10 Por la bondad de Dios habéis recibido la salvación.
Jn 3,14-21   MARZO **10**

*E*ntonces dijo Jesús a Nicodemo: "Así como Moisés levantó la serpiente en el desierto, así también el Hijo del hombre ha de ser levantado, para que todo el que cree en él tenga vida eterna. Tanto amó Dios al mundo, que dio a su Hijo único, para que todo aquel que cree en él no muera, sino que tenga vida eterna. Porque Dios no envió a su Hijo al mundo para condenar al mundo, sino para salvarlo. El que cree en el Hijo de Dios no está condenado; pero el que no cree, ya ha sido condenado por no creer en el Hijo único de Dios. Los que no creen ya han sido condenados, pues, como hacían cosas malas, cuando la luz vino al mundo prefirieron la oscuridad a la luz. Todos los que hacen lo malo odian la luz, y no se acercan a ella para que no se descubra lo que están haciendo. Pero los que viven conforme a la verdad, se acercan a la luz para que se vea que sus acciones están de acuerdo con la voluntad de Dios".

Lectura: En el relato que nos ofrece el evangelio de Juan se da un diálogo extraño entre dos personajes separados por algo más que la edad. Saltándose la tradición judía, que asigna a los mayores el papel de sabios, es el joven de Nazaret (Jesús) quien enseña al viejo de Jerusalén (Nicodemo). El diálogo se desarrolla en el misterio de la noche, como a escondidas. El fragmento de hoy, el diálogo que recorre los 21 primeros versículos del capítulo 3 de Juan se reduce a discurso. Pierde su contexto y una buena parte de su dinamismo. Sin las tres preguntas que formula Nicodemo en los versículos anteriores no se entiende bien la larga y densa respuesta de Jesús.

Meditación: Juan juega con la ambivalencia de los símbolos. Igual que en el libro del Éxodo se habla de la serpiente alzada como símbolo del poder del mal (veneno) y del bien (antídoto), lo mismo sucede con la cruz. Para el evangelista Juan es al mismo tiempo cadalso y trono, símbolo de derrota y de gloria. No hay mayor condenación que tomar conciencia de la mentira en la que vivimos sin esperar a que Jesús se haga cargo de ella. El evangelio de este domingo nos invita a permanecer ahí, a no bajar la mirada, a aguzar el oído. La contemplación del Cristo crucificado es siempre la prueba definitiva que nos permite saber si estamos viviendo en verdad o en mentira, si estamos salvados (porque aceptamos el amor de Dios) o condenados (porque nos resistimos a creer en Él). Por eso, cuando vivimos en tinieblas, huimos de la Cruz, no resistimos su fulgor. Cuando vivimos en nuestra carne la bajada a los infiernos del dolor, la depresión o el sinsentido, nos abrazamos a ella como si fuera un ancla en medio de la tormenta.

Oración: Podría mirar a otra parte, pero mis ojos se quedan fijos en tu cruz. De tu cuerpo exánime brota la luz y la vida que necesito para iluminar mis sombras y dar aliento a mis desánimos en el camino. Te miro en la cruz y entiendo por qué estoy salvado, qué precio infinito has pagado por mi rescate del absurdo y el egoísmo. Solo puedo permanecer en silencio adorante porque incluso la palabra «gracias» se me queda pequeña para expresar todo lo que siento. Yo creo en ti, Jesús, Hijo de Dios. Y por eso sé que estoy llamado a la vida eterna. No permitas que me olvide de este destino. Amén.

Acción: Como anticipación del Viernes Santo, hoy puedes dedicar un tiempo largo a un ejercicio de adoración humilde de la cruz de Jesús. Déjate guiar por su misterio.

Lunes IV

Is 65,17-21 Un cielo nuevo y una tierra nueva.
Sal 29. Te ensalzaré, Señor, porque me has librado.
Jn 4,43-54

*D*os días más tarde salió Jesús de Samaria y continuó su viaje a Galilea. Porque, como él mismo afirmaba, a ningún profeta lo honran en su propia tierra. Al llegar a Galilea fue bien recibido por los galileos, porque también ellos habían estado en Jerusalén en la fiesta de la Pascua y habían visto todo lo que él hizo entonces. Jesús regresó a Caná de Galilea, donde había convertido el agua en vino. Se encontraba allí un alto oficial del rey, que tenía un hijo enfermo en Cafarnaún. Cuando este oficial supo que Jesús había llegado de Judea a Galilea, fue a verle y le rogó que bajase a su casa a sanar a su hijo, que se estaba muriendo. Jesús le contestó: "No creeréis, si no veis señales y milagros". Pero el oficial insistió: "Señor, ven pronto, antes que mi hijo muera". Jesús le dijo entonces: "Vuelve a casa. Tu hijo vive". El hombre creyó lo que Jesús le había dicho, y se fue. Mientras regresaba a casa, sus criados salieron a su encuentro y le dijeron: "¡Tu hijo vive!". Les preguntó a qué hora había comenzado a sentirse mejor su hijo, y le contestaron: "Ayer, a la una de la tarde, se le quitó la fiebre". El padre se dio cuenta entonces de que a esa misma hora le había dicho Jesús: "Tu hijo vive". Y él y toda su familia creyeron en Jesús. Ésta fue la segunda señal milagrosa hecha por Jesús al volver de Judea a Galilea.

Lectura: Jesús cura desde Caná de Galilea al hijo de un alto oficial del rey que se encuentra enfermo en Cafarnaún. Lo que parece un milagro «a distancia» es, en realidad, un signo —uno de los siete recogidos por el evangelio de Juan—

que pone de relieve el poder extraordinario de la fe. El oficial del rey «creyó lo que Jesús le había dicho» sin ver los resultados.

Meditación: Hay un «ver» que se basa en pruebas, certezas, hechos comprobados. Y otro «ver» que se refiere a experiencias transformadoras. La ciencia trabaja con el primer «ver»; la fe, con el segundo. No son incompatibles, pero tampoco idénticos. Uno de los dramas de nuestro tiempo es haber contrapuesto ambas formas de «ver», como si la afirmación de una supusiera la negación de la otra. Las personas maduras saben muy bien que la ciencia y la filosofía tienen su campo de actuación y su método, pero no por ello reniegan de la fe, que tiene también su especificidad. El relato de hoy nos invita a un tipo de fe que va más allá de las evidencias porque se basa en la confianza en el poder sanador de Jesús. El verdadero fundamento de esta fe es la palabra divina que puede transformar la realidad.

Oración: Señor, yo creo en ti, no solo por los muchos signos que he visto en mi vida y la de los demás, sino porque sé que tu palabra es eficaz, nunca defrauda. A veces, no veo los resultados que esperaba, pero sé que ninguna de mis necesidades queda desatendida. Tú me conoces mejor que yo mismo y sabes bien lo que necesito para creer en ti y ser un testigo de tu Evangelio. Dame la fe sencilla e indestructible de este oficial real para que no me deje nunca seducir por las apariencias, sino que confíe plenamente en ti. Amén.

Acción: A lo largo del día de hoy puedes repetir en varias ocasiones, con un corazón sencillo y confiado, la frase: «Señor, creo en ti, pero aumenta mi fe».

Martes IV

Ez 47,1-9.12 Convertirá agua amarga en dulce.
Sal 45. El Señor de los ejércitos está con nosotros, nuestro alcázar es
el Dios de Jacob.
Jn 5,1-3.5-16

MARZO **12**

*A*lgún tiempo después (...) Jesús regresó a Jerusalén. En Jerusalén, cerca de la puerta llamada de las Ovejas, hay un estanque llamado en hebreo Betzatá. Tiene cinco pórticos, en los que, echados en el suelo, se encontraban muchos enfermos, ciegos, cojos y tullidos. Había entre ellos un hombre enfermo desde hacía treinta y ocho años. Cuando Jesús lo vio allí tendido y supo del mucho tiempo que llevaba enfermo, le preguntó: "¿Quieres recobrar la salud?". El enfermo le contestó: "Señor, no tengo a nadie que me meta en el estanque cuando se remueve el agua. Para cuando llego, ya se me ha adelantado otro". Jesús le dijo: "Levántate, recoge tu camilla y anda". En aquel momento el hombre recobró la salud, recogió su camilla y echó a andar. Pero como era sábado, los judíos dijeron al que había sido sanado: "Hoy es sábado; no te está permitido llevar tu camilla". El hombre les contestó: "El que me devolvió la salud me dijo: 'Recoge tu camilla y anda'". Ellos le preguntaron: "¿Quién es el que te dijo: 'Recoge tu camilla y anda'?". Pero el hombre no sabía quién le había curado, porque Jesús había desaparecido entre la multitud. Después, en el templo, Jesús se encontró con él y le dijo: "Mira, ahora que ya has recobrado la salud no vuelvas a pecar, no sea que te pase algo peor". El hombre se fue y dijo a los judíos que Jesús era quien le había devuelto la salud. Por eso los judíos perseguían a Jesús, porque hacía tales cosas en sábado.

Lectura: Si en el capítulo 4 de Juan se narra el encuentro de Jesús con la samaritana y se acentúa el símbolo del agua, en el capítulo 5 que leemos hoy se narra la curación del ciego de nacimiento poniendo de relieve el símbolo de la luz. Jesús-agua de vida eterna sacia la sed de la mujer samaritana y Jesús-luz del mundo abre los ojos del ciego. El relato de Juan describe al mismo tiempo la curación de una enfermedad física (la ceguera) por parte de Jesús y el itinerario de fe (profeta-Señor) del ciego de nacimiento, teniendo como trasfondo la incredulidad de algunos fariseos. Es el guion perfecto para entender lo que nos pasa hoy a nosotros.

Meditación: En el relato de Juan no se dice que el ciego le pidiera a Jesús que lo curara, sino que «al pasar Jesús vio a un hombre ciego de nacimiento. Y escupió en tierra, hizo barro con la saliva, se lo untó en los ojos al ciego y le dijo: "Ve a lavarte a la piscina de Siloé (que significa Enviado)". Él fue, se lavó, y volvió con vista». La iniciativa de la curación proviene del mismo Jesús. ¿Qué significaría hoy «ir a la piscina de Siloé» para lavarnos? Esta piscina actual es la comunidad de la Iglesia, la que ha recibido de su Señor los sacramentos que pueden purificarnos y ayudarnos a ver de nuevo la luz. En el origen de muchos de los problemas que hoy tenemos para creer está el abismo que hemos establecido entre la cabeza y el cuerpo, entre Jesús y su comunidad.

Oración: Jesús, pasa junto a nosotros, date cuenta de nuestra ceguera, ayúdanos a regresar a tu comunidad de la Iglesia donde podemos encontrar la ayuda que necesitamos para ver de nuevo. Haz que pasemos de nuestra condición de ciegos a la de anunciadores de tu nombre. Libéranos de todas las camillas y ataduras que nos impiden caminar ágiles por la senda del Evangelio. Amén.

Acción: Pregúntate hoy —si es posible con ayuda de quien te conozca bien— cuáles son los «puntos ciegos» que te impiden seguir creciendo en la vida espiritual. Hay cosas de ti que no ves y que, por tanto, no puedes abordar. Sin embargo, están condicionando mucho tu forma de responder al Evangelio.

Miércoles IV

Is 49,8-15 El Señor ha consolado a su pueblo.
Sal 144. El Señor es clemente y misericordioso.
Jn 5,17-30

MARZO **13**

En aquel tiempo Jesús les dijo: "Mi Padre no cesa de trabajar y yo también trabajo". Por eso los judíos tenían aún más ganas de matarle, porque no sólo no observaba el mandato sobre el sábado, sino que además se hacía igual a Dios al decir que Dios era su propio Padre. Jesús les dijo: "Os aseguro que el Hijo de Dios no puede hacer nada por su propia cuenta; sólo hace lo que ve hacer al Padre. Todo lo que el Padre hace, lo hace igualmente el Hijo. Porque el Padre ama al Hijo y le muestra todo lo que hace; y le mostrará cosas aún más grandes, que os dejarán asombrados. Pues así como el Padre resucita a los muertos y les da vida, también el Hijo da vida a quienes quiere dársela. Y el Padre no juzga a nadie, sino que ha dado a su Hijo todo el poder de juzgar, para que todos den al Hijo la misma honra que dan al Padre. (...) Os aseguro que quien presta atención a mis palabras y cree en el que me envió, tiene vida eterna; y no será condenado, pues ha pasado de la muerte a la vida. Os aseguro que viene la hora, y es ahora mismo, en que los muertos oirán la voz del Hijo de Dios; y los que la oigan vivirán. Porque así como el Padre tiene vida en sí mismo, así también ha hecho que el Hijo tenga vida en sí mismo, y le ha dado autoridad para juzgar, por cuanto que es el Hijo del hombre. No os admiréis de esto, porque va a llegar la hora en que todos los muertos oirán su voz y saldrán de las tumbas. Los que hicieron el bien resucitarán para tener vida, pero los que hicieron el mal resucitarán para ser condenados. Yo no puedo hacer nada por mi propia cuenta. Juzgo según el Padre me ordena, y mi juicio es justo, porque no trato de hacer mi voluntad sino la voluntad del Padre, que me ha enviado".

Lectura: Este largo fragmento del capítulo 5 de Juan pertenece al género «discurso». En él Jesús explica que el origen de su constante actividad hay que buscarlo en su especial relación con Dios Padre: «Todo lo que el Padre hace, lo hace igualmente el Hijo». Esta relación filial es también el fundamento de la autoridad de Jesús para juzgar y para salvar. En definitiva, la misión de Jesús tiene su origen en el Padre.

Meditación: No es fácil adentrarse en estos fragmentos del evangelio de Juan que recrean la relación de Jesús —el Hijo— con Dios Padre. Acostumbrados al género narrativo de los sinópticos, muchas personas se pierden en las reflexiones contemplativas —y a menudo repetitivas— del evangelio de Juan. ¿Por qué Jesús explica con tanto detalle su relación con el Padre? Porque su vida y su misión están sometidas a un constante escrutinio por parte de «los judíos». Todo el evangelio de Juan es como un gran juicio contra Jesús. Es, pues, preciso apelar a su condición divina para dar explicación de su verdadera identidad y de sus actuaciones. En el fragmento de hoy se acentúa que la autoridad del Hijo para juzgar y salvar dimana de su especial relación filial con Dios Padre.

Oración: Creo que tú, Jesús, eres el enviado del Padre y que, por tanto, puedes salvarme del pecado y de la muerte y darme la vida eterna. Creo que no actúas por tu cuenta, sino en comunión con Aquel que te ha enviado. Creo que puedes resucitarme en el último día. Creo que tienes palabras de vida y que no eres solo un profeta, sino el Hijo que hace lo que ve hacer al Padre. En ti pongo toda mi confianza. No quedaré jamás confundido. Amén.

Acción: Hay textos de la Escritura que solo se comprenden cuando se los contempla en silencio adorante. Toma el evangelio de hoy y ora con él. Deja que el Espíritu te revele la íntima relación entre el Padre y el Hijo.

Jueves IV

Ex 32,7-14 Tu pueblo se ha echado a perder.
Sal 105. Acuérdate de mí, Señor, por amor a tu pueblo.
Jn 5,31-47

En aquel tiempo dijo Jesús: "Si yo diera testimonio en favor mío, mi testimonio no valdría como prueba; pero hay otro que da testimonio en mi favor, y me consta que su testimonio sí vale como prueba. Vosotros enviasteis a preguntarle a Juan, y lo que él respondió es cierto. Pero yo no dependo del testimonio de ningún hombre; sólo digo esto para que vosotros podáis ser salvos. Juan era como una lámpara que ardía y alumbraba, y vosotros quisisteis gozar de su luz un poco de tiempo. Pero tengo a mi favor un testimonio de más valor que el de Juan. Lo que yo hago, que es lo que el Padre me encargó que hiciera, prueba que de veras el Padre me ha enviado. Y también el Padre, que me ha enviado, da testimonio a mi favor, a pesar de que nunca habéis oído su voz ni lo habéis visto ni su mensaje ha penetrado en vosotros, porque no creéis en aquel que el Padre envió. Estudiáis las Escrituras con toda atención porque esperáis encontrar en ellas la vida eterna; y precisamente las Escrituras dan testimonio de mí. Sin embargo, no queréis venir a mí para tener esa vida. Yo no acepto honores que vengan de los hombres. Además os conozco y sé que no amáis a Dios. Yo he venido en nombre de mi Padre y no me aceptáis; en cambio aceptaríais a cualquier otro que viniera en nombre propio. ¿Cómo podéis creer, si recibís honores unos de otros y no buscáis los honores que vienen del Dios único? No creáis que yo os voy a acusar delante de mi Padre. El que os acusa es Moisés mismo, en quien habéis puesto vuestra esperanza. Porque si vosotros creyerais a Moisés, también me creeríais a mí, porque Moisés escribió acerca de mí. Pero si no creéis lo que él escribió, ¿cómo vais a creer lo que yo os digo?".

Lectura: Jesús no da testimonio de sí mismo. Tampoco depende del testimonio de Juan. El que testimonia en su favor es el Padre que lo ha enviado. También las Escrituras dan testimonio de Jesús, pero los judíos las estudian sin captar su sentido más profundo. Jesús no los juzga por eso. El juez es Moisés como autor simbólico de las Escrituras.

Meditación: ¿Cómo podían saber sus contemporáneos que Jesús era el Hijo de Dios y no un impostor en una sociedad en la que abundaban los falsos predicadores y mesías? La pregunta se puede volver más actual: ¿Cómo podemos fiarnos de Jesús en un contexto pluralista y multirreligioso? No basta lo que Él diga de sí mismo o lo que digan personajes como Juan el Bautista. No basta lo que digan los historiadores y teólogos. Ni el peso de una tradición multisecular. Quien da credibilidad a Jesús es Dios Padre. Es Él quien lo ha enviado. La crítica que Jesús dirige a los judíos de su tiempo puede caer también sobre nosotros: «Nunca habéis oído su voz ni lo habéis visto ni su mensaje ha penetrado en vosotros, porque no creéis en aquel que el Padre envió». La prueba de que el mensaje del Padre no ha penetrado en nosotros es que no sabemos acoger e interpretar las Escrituras, aunque su lectura forme parte de nuestros hábitos religiosos.

Oración: Me fío de tu palabra. El Espíritu que el Padre ha derramado en nuestros corazones me impulsa a reconocerte como el Señor, como el enviado del Padre. Quiero confesarte como Hijo de Dios, como mi Señor, como Aquel en quien he puesto toda mi confianza. No permitas que nada ni nadie me separe de ti. Amén.

Acción: Pregúntate qué uso haces de las Escrituras. ¿Tienes el hábito de leerlas por simple curiosidad? ¿O, más bien, las meditas en clima de oración? «Ignorar las Escrituras es ignorar a Cristo» decía san Jerónimo.

Viernes IV

Sab 2,1a.12-22 Se llama a sí mismo hijo del Señor.
Sal 33. El Señor está cerca de los atribulados.
Jn 7,1-2.10.25-30

MARZO **15**

Algún tiempo después andaba Jesús por la región de Galilea, pues no quería seguir en Judea porque los judíos lo buscaban para matarlo. Se acercaba la fiesta de las Enramadas, una de las fiestas de los judíos. Cuando ya se habían ido sus hermanos, también Jesús fue a la fiesta, aunque no lo hizo públicamente sino casi en secreto. Algunos de los que vivían en Jerusalén empezaron entonces a preguntar: "¿No es a éste a quien andan buscando para matarle? Pues ahí está, hablando en público, y nadie le dice nada. ¿Será que verdaderamente las autoridades creen que este hombre es el Mesías? Pero nosotros sabemos de dónde viene; en cambio, cuando venga el Mesías, nadie sabrá de dónde viene". Al oír esto, Jesús, que estaba enseñando en el templo, dijo con voz fuerte: "¡Así que vosotros me conocéis y sabéis de dónde vengo! Pues yo no he venido por mi propia cuenta, sino enviado por aquel que es digno de confianza y a quien vosotros no conocéis. Yo le conozco, porque vengo de él y él me ha enviado". Entonces quisieron apresarle, pero nadie le echó mano porque todavía no había llegado su hora.

Lectura: El fragmento del evangelio de hoy está tomado del capítulo 7 de Juan. Jesús viaja de incógnito de Galilea a Jerusalén para participar en la fiesta de las enramadas (o de las tiendas). A pesar de que lo buscan para apresarlo, se atreve a hablar en público. Frente a quienes lo consideran un simple hombre «porque saben de donde viene», Jesús insiste en que es un enviado del Padre.

Meditación: Todo el evangelio de Juan es un continuo crescendo que culmina en la muerte/victoria de Jesús en la cruz. La polémica que observamos en el evangelio de hoy no refleja solo las tensiones que Jesús tuvo con sus contemporáneos, sino también los posteriores enfrentamientos entre el judaísmo y el cristianismo. Hoy, igual que ayer, hay personas que se resisten a aceptar el originen divino de Jesús. Lo reducen a un personaje histórico que puede ser explicado con ayuda de la sociología o la psicología. Se aceptan muchas de sus enseñanzas morales, pero se rechazan sus pretensiones divinas. Aunque las modernas investigaciones sobre Jesús nos hayan ayudado a conocer mejor su entorno y su fisonomía, solo lo conoce (es decir, lo ama) quien se deja guiar por el Espíritu de Dios.

Oración: Me han hablado tanto de ti que a veces me pregunto si te conozco solo de oídas o como fruto de un encuentro personal contigo. Es verdad que admiro tu personalidad recia y audaz. Es verdad que me gusta tu predicación y tu forma de tratar a las personas. Pero sé que nada de esto tendría sentido si no comprendiera que vienes de Dios y a Dios vas. Concédeme la fuerza de tu Espíritu para conocerte desde el corazón de Dios. Solo así podré entregarte mi vida por completo. Amén.

Acción: También el texto de hoy necesita un ejercicio de contemplación en silencio adorante. Pregúntate si para ti Jesús es un simple maestro de moral o el enviado de Dios que da un sentido nuevo y pleno a tu vida.

Sábado IV

Jr 11,18-20 He puesto mi causa en tus manos.
Sal 7. Señor, Dios mío, a ti me acojo.
Jn 7,40-53

MARZO **16**

*E*ntre la gente se encontraban algunos que al oír a Jesús hablar dijeron: "Seguro que este hombre es el profeta". Otros decían: "Éste es el Mesías". Pero otros decían: "No, porque el Mesías no puede venir de Galilea. La Escritura dice que el Mesías ha de ser descendiente del rey David y que procederá de Belén, del mismo pueblo de David". Así que la gente se dividió por causa de Jesús. Algunos querían apresarle, pero nadie llegó a ponerle las manos encima. Los guardias del templo volvieron a donde estaban los fariseos y los jefes de los sacerdotes, que les preguntaron: "¿Por qué no lo habéis traído?". Contestaron los guardias: "¡Nadie ha hablado nunca como él!". Los fariseos les dijeron entonces: "¿También vosotros os habéis dejado engañar? ¿Acaso ha creído en él alguno de nuestros jefes o de los fariseos? Pero esta gente que no conoce la ley está maldita". Nicodemo, el fariseo que en una ocasión había ido a ver a Jesús, les dijo: "Según nuestra ley, no podemos condenar a un hombre sin antes haberle oído para saber lo que ha hecho". Le contestaron: "¿También tú eres galileo? Estudia las Escrituras y verás que ningún profeta ha venido de Galilea". Y cada uno se fue a su casa.

Lectura: Proseguimos la lectura del capítulo 7 de Juan. Crece la discusión sobre la verdadera identidad de Jesús. Aunque los oyentes no se ponen de acuerdo, todos (especialmente los guardias) admiran la fuerza de su palabra. Frente a las críticas feroces de los fariseos, su admirador nocturno, Nicodemo, busca defenderlo según los criterios de la ley judía.

Meditación: Jesús sigue siendo una persona discutida. En el conjunto de las personas que cuestionan su identidad profética o mesiánica porque viene de la Galilea gentil y «ningún profeta ha venido de Galilea», hay dos personajes (uno colectivo y otro individual) que ponen el contrapunto. Los guardias enviados para detenerlo se quedan maravillados «porque nadie ha hablado nunca como él». Nicodemo quiere que, antes de juzgarlo, sea escuchado, como prescribe la ley de los judíos. El evangelista Juan ha conseguido crear una fuerte tensión dramática entre acusadores y defensores que permite calibrar mejor quién es en verdad Jesús. También hoy prosigue el debate entre quienes reducen la persona de Jesús a las explicaciones provenientes de la sociología o la psicología y quienes lo confiesan como el enviado de Dios. Es verdad que los muchos avances en la investigación moderna sobre Jesús nos ayudan a conocer mejor el contexto en el que vivió y su fisonomía moral, pero solo la fe nos permite de verdad conocerlo/amarlo.

Oración: Señor Jesús, a veces también yo me siento dividido. Admiro tu personalidad recia, la fuerza de tus palabras y la contundencia de tus acciones, pero no logro adivinar quién eres de verdad. Hacen mella en mí las críticas de quienes te consideran solo un hombre extraordinario. Necesito la fuerza de tu Espíritu para confesarte como Señor de mi vida, como enviado del Padre. Dámela cada día antes de que mi fe se debilite y me vuelva un simple admirador, pero no un discípulo. Amén.

Acción: Tómate un tiempo para escribir lo que más admiras de Jesús, los rasgos de su vida que dan luz e inspiración a la tuya. Pregúntate también qué cuestiones suscita su persona, qué nudos están todavía sin desatar. Pídele al Espíritu que te lleve al conocimiento pleno de la verdad sobre Jesús.

Domingo V

Jr 31,31-34 Pondré mi ley en su corazón.
Sal 50. Oh Dios, crea en mí un corazón puro.
Hb 5,7-9 Por lo que sufrió, aprendió a obedecer.
Jn 12,20-33

*E*ntre la gente que había ido a Jerusalén a adorar a Dios en la fiesta, había algunos griegos. Estos se acercaron a Felipe, que era de Betsaida, un pueblo de Galilea, y le rogaron: "Señor, queremos ver a Jesús." Felipe fue y se lo dijo a Andrés, y los dos fueron a contárselo a Jesús. Jesús les dijo: "Ha llegado la hora en que el Hijo del hombre va a ser glorificado. Os aseguro que si un grano de trigo no cae en la tierra y muere, seguirá siendo un solo grano; pero si muere, dará fruto abundante. El que ama su vida, la perderá; pero el que desprecia su vida en este mundo, la conservará para la vida eterna. Si alguno quiere servirme, que me siga; y donde yo esté, allí estará también mi servidor. Si alguno me sirve, mi Padre le honrará. Siento en este momento una angustia terrible, pero ¿qué voy a decir? ¿Diré: 'Padre, líbrame de esta angustia'? ¡Pero si precisamente para esto he venido! ¡Padre, glorifica tu nombre!" Entonces vino una voz del cielo, que decía: "¡Ya lo he glorificado, y lo glorificaré otra vez!" Al oír esto, la gente que estaba allí decía que había sido un trueno, aunque algunos afirmaban: "Un ángel le ha hablado." Jesús les dijo: "No ha sido por mí por quien se ha oído esta voz, sino por vosotros. Ahora va a ser juzgado el mundo. ¡Ahora va a ser expulsado el que manda en este mundo! Pero cuando yo sea levantado de la tierra, atraeré a todos a mí." Con esto daba a entender de qué forma había de morir.

Lectura: El evangelio de hoy hace referencia a un grupo de griegos que habían viajado a Jerusalén con motivo de la Pascua judía. Algo sabían de Jesús de Nazaret. Por eso se dirigieron a Felipe, uno de sus discípulos, para expresarle su deseo: «Queremos ver a Jesús». Felipe se lo comentó a Andrés. Los dos le hicieron llegar la petición a Jesús. Lo que sucede luego es una verdadera sorpresa.

Meditación: El autor del evangelio rompe la secuencia poniendo en labios de Jesús un discurso que, a primera vista, no parece el mejor modo de responder a lo que Felipe y Andrés le han pedido. En vez de responder con cortesía al interés de los griegos visitantes, Jesús comienza a hablar de «su hora». El reloj de los griegos está en la hora de la curiosidad y la búsqueda. El reloj de Jesús marca ya la hora definitiva, la de su pasión, muerte y resurrección. Para Juan, la muerte, la resurrección y el envío del Espíritu no son acontecimientos sucesivos, sino expresiones de «la hora» de Jesús, de su Pascua. ¿Hay alguna forma de sincronizar los dos relojes? Jesús se entrega para producir fruto como el trigo: hundiéndose primero en la tierra para después germinar y desarrollarse. Quizá era esta la enseñanza que quería transmitir a los griegos, pertenecientes a una cultura que entendía la sabiduría como búsqueda de la verdad y la virtud, pero no como muerte a uno mismo. La lección vale para hoy. Solo cuando experimentamos que, entregándonos de verdad, logramos cambiar un poco las cosas, empezamos a barruntar en qué consiste la hora de Jesús, el centro de su Misterio.

Oración: Jesús, como los griegos, también yo quiero conocerte. Creo que ya sé quién eres, pero, en realidad, es más lo que ignoro que lo que sé. Transforma mi curiosidad en seguimiento. Ayúdame a ser como ese grano de trigo que cae en la tierra y muere para dar fruto abundante. Amén.

Acción: Hoy es mejor dejarse empapar por las palabras del Evangelio que imaginar una acción concreta. Deja que la contemplación te ayude a conocer mejor a Jesús.

Lunes V

Dn 13,1-9.15-17.19-30.33-62 Dios salva a los que confían en él.
Sal 22. Aunque camine por cañadas oscuras, nada temo,
porque tú vas conmigo.
Jn 8,1-11

En aquel tiempo Jesús se dirigió al monte de los Olivos, y al día siguiente, al amanecer, volvió al templo. La gente se le acercó, y él, sentándose, comenzó a enseñarles. Los maestros de la ley y los fariseos llevaron entonces a una mujer que había sido sorprendida en adulterio. La pusieron en medio de todos los presentes y dijeron a Jesús: "Maestro, esta mujer ha sido sorprendida en el acto mismo del adulterio. En nuestra ley, Moisés ordena matar a pedradas a esta clase de mujeres. Y tú, ¿qué dices?". Preguntaron esto para ponerle a prueba y tener algo de qué acusarle, pero Jesús se inclinó y se puso a escribir en la tierra con el dedo. Luego, como seguían preguntándole, se enderezó y les respondió: "El que de vosotros esté sin pecado, que le arroje la primera piedra". Volvió a inclinarse y siguió escribiendo en la tierra. Al oír esto, uno tras otro fueron saliendo, empezando por los más viejos. Cuando Jesús se encontró solo con la mujer, que se había quedado allí, se enderezó y le preguntó: "Mujer, ¿dónde están? ¿Ninguno te ha condenado?". Contestó ella: "Ninguno, Señor". Jesús le dijo: "Tampoco yo te condeno. Vete y no vuelvas a pecar".

Lectura: El evangelio de este lunes, que cuenta la historia del encuentro de Jesús con una mujer adúltera, nos deja sin palabras. De no haber sido auténtica, la Iglesia no se hubiera atrevido nunca a inventarla. No sabemos por qué un texto que encajaría muy bien al final del capítulo 21 de Lucas ha ido a parar al capítulo 8 de Juan. Ni el estilo literario, ni el enfoque están en línea con el cuarto evangelio.

Todo apunta al evangelio de Lucas, el de la misericordia. En cualquier caso, la historia es una joya imperdible que nos ayuda a entender el poder transformador del perdón.

Meditación: Una de las explicaciones más socorridas es vincular este relato a la referencia al juicio que se hace en Juan 8,15: «Yo no juzgo a nadie». Sea como fuere, la actitud de Jesús nos desconcierta. Lo que le dice a la mujer —«Tampoco yo te condeno»— es una revelación de la actitud de Dios hacia los pecadores. El perdón no tiene límite. Nadie de los presentes resiste tanta autenticidad y tanta audacia. Todos se van retirando, comenzando por los «presbíteros» (es decir, por los de más edad). La historia es demasiado nueva para quienes son deudores de una concepción equilibrista de la justicia: «tanto has hecho, tanto mereces». Jesús no tolera el adulterio. Considera que es una afrenta al amor. Pero sabe también que el mejor modo de ayudar a la mujer adúltera a superar su pecado no es la condena —como querían los biempensantes de su tiempo— sino el perdón que abre las puertas del futuro. Por otra parte, en el relato no aparece por ninguna parte el varón. El peso de la ley suele recaer siempre sobre los que menos cuentan; en este caso, la mujer «sorprendida en flagrante adulterio».

Oración: Yo sí tiendo a condenar a aquellas personas que me parece que se han saltado las normas. Es más, a veces creo que es mi deber para que todo transcurra en orden. Necesito aprender de tu mano, Jesús, que no hay arma más poderosa para vencer el pecado que el perdón sin límites. Ayúdame a no acusar, sino a ayudar; a no condenar, sino a perdonar; a no mirar solo al pasado, sino a despejar el futuro. Amén.

Acción: Pregúntate a qué personas has «condenado» últimamente sin conocer quizás las circunstancias de su vida y de sus acciones. Pide a Jesús que te conceda la gracia del perdón.

San José

2Sa 7,4-5a.12-14a.16 Tu trono quedará establecido.
Sal 88. Su linaje será perpetuo.
Rm 4,13.16-18.22 Padre de muchas naciones.
Mt 1,16.18-21.24a

MARZO 19

Jacob fue padre de José, el marido de María, y ella fue la madre de Jesús, a quien llamamos el Mesías. El nacimiento de Jesucristo fue así: María, su madre, estaba comprometida para casarse con José; pero antes de vivir juntos se encontró encinta por el poder del Espíritu Santo. José, su esposo, que era un hombre justo y no quería denunciar públicamente a María, decidió separarse de ella en secreto. Ya había pensado hacerlo así, cuando un ángel del Señor se le apareció en sueños y le dijo: "José, descendiente de David, no tengas miedo de tomar a María por esposa, porque el hijo que espera es obra del Espíritu Santo. María tendrá un hijo y tú le pondrás por nombre Jesús. Se llamará así porque salvará a su pueblo de sus pecados". Cuando José despertó, hizo lo que el ángel del Señor le había ordenado.

Lectura: En el relato de Mateo se nos narra la vocación de José con un estilo muy parecido al que utiliza Lucas para narra la vocación de María. En ambos casos se subraya la iniciativa de Dios, el don de su Espíritu para superar las resistencias y temores y la respuesta confiada a la promesa.

Meditación: ¿Quién es este personaje del que sabemos tan poco y que, sin embargo, es tan popular? Es «el esposo de María» (Mt 1,16), un hombre «justo» que no quiso denunciar a su joven esposa cuando esta había concebido antes de vivir juntos (cf. Mt 1,18,19), alguien que hizo lo que le mandó el ángel (cf. Mt 1,24) y que impuso al recién nacido el nombre de Jesús (cf. Mt 1,25). Es el esposo y padre valiente que se levanta, toma al niño y a su madre y parte para Egipto (cf. Mt 2,14). Es el mismo que, muerto Herodes, «se levantó, tomó al niño y a su madre, y regresó con ellos a la tierra de Israel» (Mt 2,21). Es, por último, el hombre prudente que «avisado en sueños, se retiró a la región de Galilea y se estableció en un pueblo llamado Nazaret» (Mt 2,22-23). Todos estos datos nos los proporciona el evangelio de Mateo. Lucas, por su parte (Marcos y Juan no hablan de José), nos aclara que era de la estirpe y familia de David (cf. Lc 2,4), que acompañaba a María y al niño en el establo donde este nació (cf. Lc 2,16), que se admiraba de las cosas que decían del niño cuando lo presentaron en el templo (cf. Lc 2,33), que buscaba angustiado al adolescente Jesús que se había extraviado en Jerusalén (cf. Lc 2,48) y que, por último, no comprendía en qué consistía eso de que Jesús tuviera que dedicarse a las «cosas de su Padre» (cf. Lc 2,50). Lo que hace de él un personaje de primer orden no son sus escritos (de hecho, no conservamos ni una sola palabra pronunciada o escrita por él) ni sus obras relevantes. A José le bastó con ser lo que Dios quiso que fuera y estar donde Dios quiso que estuviese. Supo ejercer su misión sin protagonismo, poniéndose al servicio de su esposa María y de su hijo Jesús. Fue un custodio, no un dueño.

Oración: Señor, como José de Nazaret, también yo quisiera ser lo que debo ser y estar donde tengo que estar. Más que poner muchas palabras en mi boca, ayúdame a cumplir tu voluntad en la belleza del día a día, dejando que mis obras sean más elocuentes que mis palabras. Haz que, en compañía de Jesús y de María, pueda seguir creciendo en gracia y disponibilidad. Amén.

Acción: Siguiendo una práctica del papa Francisco, puedes escribir en un trozo de papel las gracias que deseas obtener por mediación de san José y colocarlas junto a una estatua o una estampa suya.

Miércoles V

Dn 3,14-20.91-92.95 ¿Qué Dios podrá salvarnos?
Sal: Dn 3,52-56. A ti gloria y alabanza por los siglos.
Jn 8,31-42

MARZO **20**

Jesús dijo a los judíos que habían creído en él: "Si os mantenéis fieles a mi palabra, seréis verdaderamente mis discípulos; conoceréis la verdad, y la verdad os hará libres". Ellos le contestaron: "Nosotros somos descendientes de Abraham y nunca fuimos esclavos de nadie. ¿Cómo dices tú que seremos libres?". Jesús les dijo: "Os aseguro que todos los que pecan son esclavos del pecado. Un esclavo no pertenece para siempre a la familia, pero un hijo sí pertenece a ella para siempre. Así que, si el Hijo os hace libres, seréis verdaderamente libres. Ya sé que sois descendientes de Abraham, pero queréis matarme porque no aceptáis mi palabra. Yo hablo de lo que el Padre me ha mostrado, y vosotros hacéis lo que vuestro padre os ha dicho". Dijeron ellos: "¡Nuestro padre es Abraham!". Pero Jesús les respondió: "Si de veras fuerais hijos de Abraham, haríais lo que él hizo. Pero a mí, que os digo la verdad que Dios me ha enseñado, queréis matarme. ¡Y eso nunca lo hizo Abraham! Vosotros hacéis lo mismo que vuestro padre". Dijeron: "¡Nosotros no somos unos bastardos! ¡Nuestro único padre es Dios!". Jesús les contestó: "Si Dios fuese de veras vuestro padre, me amaríais, porque yo, que estoy aquí, vengo de Dios. No he venido por mi propia cuenta, sino que Dios me ha enviado".

Lectura: El evangelio de hoy nos recuerda unas palabras de Jesús que se citan incluso en ámbitos seculares: «Si permanecéis en mi palabra, seréis de verdad discípulos míos; conoceréis la verdad, y la verdad os hará libres» (Jn 8,31). Jesús no habla de la verdad en un sentido moral. No se refiere a la adecuación entre nuestras palabras y la realidad, sino a algo más profundo: el hecho de ser auténticos (sin doblez) y fieles (cumplidores de una promesa).

Meditación: La relación entre la verdad y la libertad recorre la historia humana. Ante las palabras de Jesús brota la misma pregunta que le formularon: «¿Qué es la verdad?» (Jn 18,38). No la entienden del mismo modo los hebreos que los griegos o los romanos. O que la ciencia y la filosofía actuales. Las palabras «emunah» (hebreo), «aletheia» (griego) o «veritas» (latín) —traducidas todas ellas por «verdad» en español— tienen resonancias distintas. Esta diversidad de matices nos indica que la verdad, siendo una, es pluridimensional. Cada uno de nosotros la percibimos desde el ángulo de nuestras experiencias. Las mentiras que vamos acumulando a lo largo de nuestra vida nos hacen esclavos. Jesús lo dice con claridad: «Todo el que comete pecado es esclavo». Sin verdad no hay libertad. Pero Jesús va más lejos: «El esclavo no se queda en la casa para siempre, el hijo se queda para siempre. Y si el Hijo os hace libres, seréis realmente libres». Solo Jesús el Hijo puede hacernos libres porque él es la verdad.

Oración: Si aspiro a algo en la vida es a ser una persona libre. No tolero las ataduras y esclavitudes. Tú me enseñas que la libertad es el fruto maduro de la verdad. Tú eres la verdad. Gracias por ayudarme a creer en ti. Gracias por liberarme de mis mentiras y adicciones. Gracias por acompañar con la fuerza de tu Espíritu mi camino de liberación. Amén.

Acción: Tómate un tiempo para escribir de tu puño y letra una oración inspirada en las palabras de Jesús: «La verdad os hará libres». Deja que fluyan tus sentimientos más profundos.

Jueves V

Gn 17,3-9 Yo seré siempre tu Dios.
Sal 104. El Señor se acuerda de su alianza eternamente.
Jn 8,51-59

MARZO **21**

En aquel tiempo dijo Jesús: "Os aseguro que quien hace caso a mi palabra no morirá". Los judíos le dijeron: "Ahora estamos seguros de que tienes un demonio. Abraham y todos los profetas murieron, y tú dices: 'Quien hace caso a mi palabra no morirá'. ¿Acaso eres tú más que nuestro padre Abraham? Él murió, y murieron también los profetas. ¿Quién te has creído que eres?". Jesús contestó: "Si yo me honrase a mí mismo, mi honra no valdría nada. Pero el que me honra es mi Padre, el mismo que decís que es vuestro Dios. Pero vosotros no le conocéis. Yo sí le conozco, y si dijera que no le conozco sería tan mentiroso como vosotros. Pero, ciertamente, le conozco y hago caso a su palabra. Abraham, vuestro antepasado, se alegró porque iba a ver mi día: y lo vio, y se llenó de gozo". Los judíos preguntaron a Jesús: "Si todavía no tienes cincuenta años, ¿cómo dices que has visto a Abraham?". Jesús les contestó: "Os aseguro que yo existo desde antes que existiera Abraham". Entonces ellos cogieron piedras para arrojárselas, pero Jesús se escondió y salió del templo.

Lectura: En el capítulo 8 de Juan se hace una comparación entre Jesús y Abrahán. Aunque el patriarca es un pilar de la fe de Israel, no deja de ser un hombre sometido a la muerte. Jesús, sin embargo, existe antes y después que Abrahán. La alusión velada a su condición divina suscita la reacción airada de los judíos que, ante lo que sienten como una blasfemia imperdonable, quieren apedrearlo.

Meditación: A medida que avanzamos en la lectura del evangelio de Juan, crece la controversia entre Jesús y los judíos. La comparación con Abrahán le permite a Jesús desvelar que el patriarca había ya intuido su venida como cumplimiento pleno de las promesas. Pero incluso va más allá. Manifiesta su condición divina usando las mismas palabras con las que Dios se reveló al pueblo de Israel en el Sinaí: «Yo soy» (Ex 3,14). Lejos de reconocer la divinidad de Jesús y adorarla, los judíos entienden sus palabras como una blasfemia y se disponen a acabar con Él. Sin la violencia que aparece reflejada en el Evangelio, también hoy la identidad de Jesús sigue siendo causa de división entre sus seguidores y quienes se limitan admirarlo como un personaje relevante de la historia.

Oración: Abrahán contaba estrellas cada noche para comprender mejor la infinitud de la promesa que Dios le había hecho. Todas las estrellas se han concentrado en ti, Jesús. Tú eres la luz que refleja la inmensidad de Dios. En ti se han hecho realidad todas las promesas. Quisiera que grabaras esta fe a fuego en mi corazón para que mi vida entera esté dedicada a conocerte, amarte, servirte y alabarte. Amén.

Acción: Pregúntate qué textos del Antiguo Testamento te ayudan a comprender mejor la promesa de Dios llevada a cumplimiento en Jesús.

Viernes V

Jr 20,10-13 Tú, Señor, estás siempre conmigo.
Sal 17. En el peligro invoqué al Señor, y me escuchó.
Jn 10,31-42

MARZO **22**

En aquel tiempo los judíos volvieron a coger piedras para tirárselas, pero Jesús les dijo: "Por el poder de mi Padre he hecho muchas cosas buenas delante de vosotros: ¿por cuál de ellas me vais a apedrear?". Los judíos le contestaron: "No vamos a apedrearte por ninguna cosa buena que hayas hecho, sino porque tus palabras son una ofensa contra Dios. Tú, que no eres más que un hombre, te haces Dios a ti mismo". Jesús les respondió: "En vuestra ley está escrito: 'Yo dije que sois dioses'. Sabemos que no se puede negar lo que dice la Escritura, y Dios llamó dioses a aquellas personas a quienes dirigió su mensaje. Y si Dios me apartó a mí y me envió al mundo, ¿cómo podéis decir que le he ofendido por haber dicho que soy Hijo de Dios? Si no hago las obras que hace mi Padre, no me creáis. Pero si las hago, creed en ellas aunque no creáis en mí, para que de una vez por todas sepáis que el Padre está en mí y yo en el Padre". De nuevo quisieron apresarle, pero Jesús se escapó de sus manos. Regresó Jesús al lado oriental del Jordán, y se quedó allí, en el lugar donde Juan había estado antes bautizando. Muchos fueron a verle y decían: "Ciertamente, aunque Juan no hizo ninguna señal milagrosa, todo lo que decía de este hombre era verdad". Muchos creyeron en Jesús en aquel lugar.

Lectura: El fragmento que leemos hoy del capítulo 10 de Juan hay que colocarlo en el marco de la fiesta invernal que conmemoraba la dedicación del templo de Jerusalén. Mientras Jesús pasea por el pórtico de Salomón, se origina una nueva controversia con los judíos acerca de su verdadera identidad y misión.

Meditación: Cuando le preguntan a Jesús que aclare de una vez si es el Cristo (v. 24), no responde abiertamente. Lo hace de manera indirecta. Remite a las obras que realiza. Declara que solo sus ovejas (es decir, quienes lo siguen en fe) pueden conocerlo. Los judíos quieren apedrearlo de nuevo porque «siendo hombre, te haces Dios». Jesús apela a la Escritura en la que se afirma que todos aquellos a los que se dirige la palabra de Dios «son dioses». En el fondo de esta nueva controversia late el enfrentamiento judío-cristiano acerca de la verdadera identidad de Jesús como Hijo de Dios (v. 37). Mientras en Jerusalén los judíos ortodoxos pretenden detenerlo, en el lugar del Jordán donde Juan había estado bautizando, «muchos creyeron en él» reconociendo que era verdad lo que Juan había anunciado. La división de entonces se reproduce también hoy. Jesús sigue siendo «signo de contradicción».

Oración: Creo que tú has sido elegido por el Padre para ser enviado al mundo. Creo que el Padre está en ti y tú en el Padre. Creo que lo que dice la Escritura no puede poner en duda. Te doy gracias, Señor, porque esto no me lo ha revelado ni la carne ni la sangre sino tu Padre que está en los cielos. Ayúdame a acompañarte en tu camino hacia Jerusalén para participar en el misterio de tu pasión, muerte y resurrección. Sé que soy débil, pero creo en la fuerza de la fe que tu Espíritu recrea en mí. Amén.

Acción: Puedes hacer tu meditación diaria escribiendo en una hoja de papel: «Jesús para mí es…». Deja que el Espíritu ponga palabras a tu experiencia de fe.

Sábado V

Ez 37,21-28 Yo los limpiaré de sus pecados.
Sal: Jr 31,10-12b. El Señor nos guardará como un pastor a su rebaño.
Jn 11,45-57

MARZO **23**

*A*l ver lo que Jesús había hecho, creyeron en él muchos de los judíos que habían ido a acompañar a María. Pero algunos fueron a contar a los fariseos lo hecho por Jesús. Entonces los fariseos y los jefes de los sacerdotes, reunidos con la Junta Suprema, dijeron: "¿Qué haremos? Este hombre está haciendo muchas señales milagrosas. Si le dejamos seguir así, todos van a creer en él, y las autoridades romanas vendrán y destruirán nuestro templo y nuestra nación". Pero uno de ellos llamado Caifás, sumo sacerdote aquel año, les dijo: "Vosotros no sabéis nada. No os dais cuenta de que es mejor para vosotros que muera un solo hombre por el pueblo y no que toda la nación sea destruida". Pero Caifás no habló así por su propia cuenta, sino que, como era sumo sacerdote aquel año, dijo proféticamente que Jesús había de morir por la nación judía, y no sólo por esta nación, sino también para reunir a todos los hijos de Dios que se hallaban dispersos. Desde aquel día, las autoridades judías tomaron la decisión de matar a Jesús. Por eso, Jesús ya no andaba públicamente entre los judíos, sino que se marchó de la región de Judea a un lugar cercano al desierto, a un pueblo llamado Efraín. Allí se quedó con sus discípulos. (...) Los fariseos y los jefes de los sacerdotes habían dado orden de que, si alguien sabía dónde estaba Jesús, lo dijera, para poder apresarle.

Lectura: El fragmento del evangelio de hoy está tomado del capítulo 11 de Juan en el que Jesús realiza su séptimo signo (la resurrección de Lázaro) como expresión de la victoria de la vida sobre la muerte. Ante ese poderoso signo, «muchos de los judíos creyeron en él» (v. 45). Otros, sin embargo, «fueron a contar a los fariseos lo que había hecho» (v. 46). En la reunión del sanedrín, se adopta la decisión de Caifás, que consideraba que «era preferible que muera un solo hombre por el pueblo» (v. 50). Ante esta decisión, Jesús deja de mostrarse en público y se refugia en el pequeño pueblo de Efraín, cerca del desierto.

Meditación: Falta un día para la entrada triunfal en Jerusalén. Los textos escogidos por la liturgia acentúan la inminencia del momento final. El sanedrín ya ha tomado la decisión de dar muerte a Jesús (v. 53). Aunque Jesús se retira momentáneamente al desierto, pronto regresará a la ciudad santa para celebrar la fiesta de la Pascua y su propia Pascua. Caifás «anunció bajo la inspiración de Dios que Jesús iba a morir por toda la nación» (v. 51). Aunque este anuncio suena a excusa para acabar con el incómodo Jesús, en realidad es una profecía acerca del verdadero significado de su muerte.

Oración: Señor, la suerte está echada. Las autoridades han decidido ya tu muerte. Eres un estorbo para sus intereses. Tu vida y tu Palabra socavan los cimientos de una sociedad basada sobre la mentira y la exploración. También hoy seguimos matándote. Tu Evangelio nos incomoda. Aunque lo percibamos como buena noticia, sabemos que nos obliga a cambiar de raíz nuestra manera de entender la vida. No permitas que tu sangre se derrame en balde. Ayúdanos a comprender el valor de tu muerte. Incorpóranos a ella para que podamos vivir también la fuerza de tu resurrección. Amén.

Acción: Mañana comienza la Semana Santa. Pregúntate cómo quisieras celebrarla este año, qué valor y tiempo vas a dedicar a la participación en las celebraciones litúrgicas. Pregúntale al Señor qué quiere de ti en esta semana grande, cómo puedes acompañarlo en su misterio de pasión, muerte y resurrección.

Domingo de Ramos

Is 50,4-7 El Señor es quien me ayudará.
Sal 21. Dios mío, Dios mío, ¿por qué me has abandonado?
Flp 2,6-11 El nombre sobre todo nombre.
Mc 14,1–15,47

MARZO **24**

*F*altaban dos días para la fiesta de la Pascua, cuando se come el pan sin levadura. (...) Judas Iscariote, uno de los doce discípulos, fue a ver a los jefes de los sacerdotes para entregarles a Jesús. (...) Mientras estaban a la mesa, cenando, Jesús les dijo: "Os aseguro que uno de vosotros, que está comiendo conmigo, me va a traicionar." (...) Mientras cenaban, Jesús tomó en sus manos el pan, y habiendo dado gracias a Dios lo partió y se lo dio a ellos, diciendo: "Tomad, esto es mi cuerpo." Luego tomó en sus manos una copa, y habiendo dado gracias a Dios se la pasó a ellos, y todos bebieron. Les dijo: "Esto es mi sangre, con la que se confirma el pacto, la cual es derramada en favor de muchos. (...)". Después de cantar los salmos, se fueron al monte de los Olivos. Jesús les dijo: "Todos vais a perder vuestra confianza en mí. Así lo dicen las Escrituras: 'Mataré al pastor y se dispersarán las ovejas.' Pero cuando resucite, iré a Galilea antes que vosotros." Pedro le dijo: "Aunque todos pierdan su confianza, yo no." Jesús le contestó: "Te aseguro que esta misma noche, antes que cante el gallo por segunda vez, me negarás tres veces." (...) Adelantándose unos pasos, se inclinó hasta tocar el suelo con la frente, y pidió a Dios que, a ser posible, no le llegara aquel momento de dolor. En su oración decía: "Padre mío, para ti todo es posible: líbrame de esta copa amarga, pero no se haga lo que yo quiero, sino lo que quieres tú." (...) Todavía estaba hablando Jesús, cuando Judas (...) llegó acompañado de mucha gente armada con espadas y palos. (...) Judas, el traidor, les había dado una contraseña, diciéndoles: "Aquel a quien yo bese, ése es. Apresadlo y llevadlo bien sujeto." Así que se acercó a Jesús y le dijo: "¡Maestro!" Y le besó. Entonces echaron mano a Jesús y lo apresaron. (...) Todos los discípulos abandonaron a Jesús y huyeron. (...) Condujeron entonces a Jesús ante el sumo sacerdote, y se juntaron todos los jefes de los sacerdotes, los ancianos y los maestros de la ley. (...) El sumo sacerdote volvió a preguntarle: "¿Eres tú el Mesías, el Hijo del Dios bendito?" Jesús le dijo: "Sí, yo soy. Y veréis al Hijo del hombre sentado a la derecha del Todopoderoso y viniendo en las nubes del cielo." (...) Todos estuvieron de acuerdo en que era culpable y debía morir. (...) Entonces Pedro comenzó a jurar y perjurar, diciendo: "¡No conozco a ese hombre de quien habláis!" En aquel mismo momento cantó el gallo por segunda vez, y Pedro se acordó de que Jesús le había dicho: 'Antes que cante el gallo por segunda vez, me negarás tres veces.' Y rompió a llorar. (...). Condujeron a Jesús atado y lo entregaron a Pilato. (...) Durante la fiesta, Pilato ponía en libertad a un preso, el que la gente pedía. (...) Pero los jefes de los sacerdotes alborotaron a la gente para que pidiesen la libertad de Barrabás. Pilato les preguntó: "¿Y qué queréis que haga con el que llamáis el Rey de los judíos?" "¡Crucifícalo!", contestaron a gritos. (...) Los soldados llevaron a Jesús al patio del palacio, llamado pretorio, y reunieron a toda la tropa. Le pusieron una capa de color rojo oscuro, y en la cabeza una corona hecha de espinas. (...) Y le golpeaban la cabeza con una vara, le escupían y, doblando la rodilla, le hacían reverencias. (...) Llevaron a Jesús a un sitio llamado Gólgota (que significa "Lugar de la Calavera"). (...) Entonces lo crucificaron. (...) Los que pasaban le insultaban meneando la cabeza y diciendo: "¡Eh, tú, que derribas el templo y en tres días lo vuelves a levantar, sálvate a ti mismo bajando de la cruz!" Del mismo modo se burlaban de él los jefes de los sacerdotes y los maestros de la ley. Decían: "Salvó a otros, pero él no se puede salvar. ¡Que baje de la cruz ese Mesías, Rey de Israel, para que veamos y creamos!" Y hasta los que estaban crucificados con él le insultaban. Al llegar el mediodía, Jesús gritó con fuerza: "Eloí, Eloí, ¿lemá sabactani?" (que significa "Dios mío, Dios mío, ¿por qué me has abandonado?"). (...) Jesús dio un fuerte grito y murió. (...) El centurión, que estaba frente a Jesús, al ver que había muer-

to, dijo: "¡Verdaderamente este hombre era Hijo de Dios!" También había algunas mujeres mirando de lejos. Entre ellas se encontraban María Magdalena, María la madre de Santiago el menor y de José, y Salomé. (...) También se encontraban allí muchas otras que habían ido con él a Jerusalén. Cuando anochecía el día de la preparación, (...) José, natural de Arimatea (...) bajó el cuerpo y (...) lo puso en un sepulcro excavado en la roca (...). María Magdalena y María la madre de José miraban dónde lo ponían.

Lectura: El evangelio de este domingo del ciclo B es el de Marcos. Como es bien sabido, los cuatro evangelistas dedican un gran espacio a la pasión y muerte de Jesús. Cuentan los mismos hechos, pero los narran desde perspectivas diversas y con diferentes objetivos. Cada evangelista selecciona o destaca aquello que puede resultar significativo para las comunidades a las que dirige su evangelio.

Meditación: Prestemos atención a algunos acentos de la narración de Marcos que pueden ayudarnos a comprender mejor su profundidad y actualidad.

1) El evangelista nos muestra a un Jesús manso y desarmado, que se entrega en manos de sus enemigos sin reaccionar. Subraya este hecho para sostener la fe de los cristianos de sus comunidades, duramente probados por las persecuciones. Si el Padre no ha librado a su Hijo de las injusticias, las traiciones y los sufrimientos, los discípulos tampoco se verán libres de tener que afrontar en su vida la falsedad, la hipocresía, el disimulo y la violencia.

2) Marcos subraya más que ningún otro evangelista la soledad de Cristo durante la Pasión. En los otros evangelios, siempre encontramos a alguien que está junto Jesús como una presencia amiga. En el evangelio de Marcos no hay nadie: Jesús es traicionado por la multitud que prefiere a Barra-

bás; es insultado, golpeado y humillado por los soldados; es ultrajado por los transeúntes y por los jefes del pueblo presentes en el momento de la crucifixión. Solo al final, después de haber narrado su muerte, Marcos hace esta acotación: «Estaban allí, mirando a distancia, unas mujeres» (Mc 15,40-41).

3) El momento culminante de todo el relato de la Pasión de Jesús según Marcos es la profesión de fe del centurión al pie de la cruz: «El centurión que estaba enfrente, al ver cómo expiró, dijo: "Realmente este hombre era Hijo de Dios"» (Mc 15,39). El secreto se mantiene hasta el final porque solo después de su muerte y resurrección será posible comprender quién es Él de verdad. Lo que más sorprende es que la proclamación de Jesús como «Hijo de Dios» no ha venido de uno de los apóstoles o discípulos, sino de un pagano.

4) Solo Marcos, refiriendo la oración de Jesús al Padre, destaca el apelativo arameo que ha usado: «*Abbá*, Padre» (Mc 15,36). *Abbá* corresponde a uno de tantos términos que, también entre nosotros, usan los niños para dirigirse a su progenitor. Jesús lo emplea en el momento más dramático de su vida, cuando, después de haber pedido al Padre que lo librara de aquella prueba tan difícil, se abandona confiadamente en sus manos.

Oración: No quiero que estés solo, Jesús, en tu pasión y muerte. Aunque no sea digno, yo quiero estar contigo. Soy tan cobarde como Pedro, tan traidor como Judas y tan huidizo como todos los demás, pero quiero estar contigo porque tú siempre estás conmigo cuando me visita la noche del dolor o la duda. Es probable que pase del *hosanna* al crucifícalo, pero ni siquiera en medio de la traición puedo huir de tu mirada. Te quiero, Jesús. Te necesito. Te acompaño. Amén.

Acción: No hay mejor acción para hoy que meditar con sosiego el relato de Marcos en la soledad de la oración.

Lunes santo

Is 42,1-7 Yo, el Señor, te llamé.
Sal 26. El Señor es mi luz y mi salvación.
Jn 12,1-11

MARZO **25**

Seis días antes de la Pascua fue Jesús a Betania, donde vivía Lázaro, a quien había resucitado. Allí hicieron una cena en honor de Jesús. Marta servía, y Lázaro era uno de los que estaban a la mesa comiendo con él. María, tomando unos trescientos gramos de perfume de nardo puro, muy caro, perfumó los pies de Jesús y luego los secó con sus cabellos. Toda la casa se llenó del aroma del perfume. Entonces Judas Iscariote, uno de los discípulos, aquel que iba a traicionar a Jesús, dijo: "¿Por qué no se ha vendido este perfume por trescientos denarios, para ayudar a los pobres?". Pero Judas no dijo esto porque le importasen los pobres, sino porque era ladrón y, como tenía a su cargo la bolsa del dinero, robaba del que allí ponían. Jesús le dijo: "Déjala, porque ella estaba guardando el perfume para el día de mi entierro. A los pobres siempre los tendréis entre vosotros, pero a mí no siempre me tendréis". Muchos judíos, al enterarse de que Jesús estaba en Betania, fueron allá, no sólo por Jesús, sino también por ver a Lázaro, a quien Jesús había resucitado. Entonces los jefes de los sacerdotes decidieron matar también a Lázaro, porque por causa suya muchos judíos se separaban de ellos y creían en Jesús.

Lectura: El lunes santo se abre con un encuentro entre amigos. El evangelio de Juan distribuye bien los roles: «Marta servía, y Lázaro era uno de los que estaban con él a la mesa. María tomó una libra de perfume de nardo, auténtico y costoso, le ungió a Jesús los pies y se los enjugó con su cabellera» (Jn 12,2). Los tres hermanos de Betania son amigos de Jesús. A Marta se la ve afanosa; a Lázaro, cercano y atento.

María, la contemplativa, se encarga de la unción con la que anticipa la muerte y sepultura del Maestro. El resultado de las tres acciones conjuntas (servir, escuchar y ungir) es que «la casa se llenó de la fragancia del perfume».

Meditación: Con sus acciones, estos tres hermanos anticipan tres funciones de toda comunidad cristiana: la *diakonía* (servicio), la *didascalía* (formación) y la *leitourgia* (liturgia); las tres en el marco de la *koinonía* (comunión) simbolizada por la amistad que une a los tres hermanos con Jesús. Cuando las cuatro dimensiones se articulan bien, la casa de la Iglesia se llena del perfume de la fe, del amor y de la esperanza. Pero no todo es perfecto en la casa de Betania. Judas se encarga de poner una nota discordante para alterar la escena: «¿Por qué no se ha vendido este perfume por trescientos denarios para dárselos a los pobres?». El contenido va completamente en línea con la predicación de Jesús. La motivación, sin embargo, va en otra dirección. No podemos usar a los pobres como arma arrojadiza. En la cena de Betania aparecen delineadas las actitudes que se manifestarán con claridad en los días postreros de Jesús.

Oración: Yo también quiero cenar contigo, con Lázaro, María y Marta. Quisiera acompañarte, servirte y ungirte sin calcular el costo. Sé que el amor es un como un perfume de nardo que llena de fragancia de la casa. No permitas que el cálculo excesivo me impida gozar de tu presencia o que los falsos razonamientos me aparten de ti. Ayúdame a darme por entero, sin buscar más recompensa que estar sentado contigo a la mesa y disfrutar de tu amistad. Amén.

Acción: En un papel puedes escribir el nombre de los personajes que aparecen en el evangelio de hoy. A continuación, junto a cada uno de ellos, escribe los rasgos que tú tienes de ese personaje. El ejercicio puede ayudarte a vivir con realismo esta Semana Santa.

Martes santo

Is 49,1-6 Mi causa está en manos del Señor.
Sal 70. Mi boca contará tu salvación, Señor.
Jn 13,21-33.36-38

*H*abiendo dicho estas cosas, Jesús, profundamente conmovido, añadió con toda claridad: "Os aseguro que uno de vosotros me va a traicionar". Los discípulos comenzaron a mirarse unos a otros, sin saber a quién se refería. Uno de sus discípulos, al que Jesús quería mucho, estaba cenando junto a él, y Simón Pedro le hizo señas para que le preguntara a quién se refería. Él, acercándose más a Jesús, le preguntó: "Señor, ¿quién es?". "Voy a mojar un trozo de pan -le contestó Jesús-, y a quien se lo dé, ése es". En seguida mojó un trozo de pan y se lo dio a Judas, hijo de Simón Iscariote. Tan pronto como Judas tomó el pan, Satanás entró en su corazón. Jesús le dijo: "Lo que vas a hacer, hazlo pronto". Pero ninguno de los que estaban cenando a la mesa entendió por qué se lo había dicho. Como Judas era el encargado de la bolsa del dinero, algunos pensaron que Jesús le decía que comprara algo para la fiesta o que diera algo a los pobres. Judas tomó aquel trozo de pan y salió en seguida. Ya era de noche. Después de haber salido Judas, Jesús dijo: "(...) Hijitos míos, ya no estaré mucho tiempo con vosotros. (...) No podréis ir a donde yo voy". Simón Pedro preguntó a Jesús: "Señor, ¿a dónde vas?". "A donde yo voy -le contestó Jesús- no puedes seguirme ahora, pero me seguirás después". Pedro le dijo: "Señor, ¿por qué no puedo seguirte ahora? ¡Estoy dispuesto a dar mi vida por ti!". Jesús le respondió: "¿De veras estás dispuesto a dar tu vida por mí? Pues te aseguro que antes de que cante el gallo me negarás tres veces".

Lectura: Aunque ayer ya apareció en escena, hoy, el apóstol Judas Iscariote cobra protagonismo. Ya no estamos en la cena de Betania, sino en la de Jerusalén. En el extremo de la intimidad está el discípulo «al que Jesús amaba», que representa la cercanía al Maestro, la actitud contemplativa. En el extremo opuesto, el de la distancia, se sitúa Judas, el calculador. Y, en medio de los dos, un Pedro que al comienzo parece dispuesto a todo —«Daré mi vida por ti—», pero que, a la postre, será tan traidor como Judas.

Meditación: El contraste entre el gesto de Jesús, que le entrega el pan al amigo (símbolo de amistad), y la salida de Judas en medio de la noche (símbolo de huida), es evidente. Expresa la dinámica y el drama de la fe: una amistad traicionada. Resuena el salmo: «Incluso mi amigo, de quien yo me fiaba, que compartía mi pan, es el primero en traicionarme» (Sal 40,10). La «traición» de Judas es presentada, más bien, como el «ofertorio» de esa cruenta Eucaristía que será la pasión y muerte de Jesús, como la entrega del Cuerpo de Jesús para que sea sacrificado. Pero ni siquiera en el momento extremo Jesús condena a su amigo «traidor». Hasta el último segundo le abre la puerta de su corazón.

Oración: ¿Te escandalizas si te digo que a veces me identifico con Judas? En más de una ocasión me he sentido decepcionado por un Mesías que se deja matar y parece dejar las cosas peor de lo que estaban. ¿Qué sentido tiene seguir creyendo en un hombre que parece estar ausente, que no se interesa por la suerte de sus semejantes de una manera creíble? A veces he sentido la tentación de dejar de creer en ti porque no encajas con lo que había imaginado. ¡Cúrame de mi presunción! A cambio de las treinta monedas por tu venta, dame el tesoro de una fe humilde y paciente. Amén.

Acción: Nombra las pequeñas o grandes traiciones que han acompañado tu vida de fe en los últimos tiempos. Quizá es momento de celebrar el sacramento de la Reconciliación.

Miércoles santo

Is 50,4-9a He aquí que el Señor me ayuda.
Sal 68. Señor, que me escuche tu gran bondad el día de tu favor.
Mt 26,14-25

MARZO **27**

Uno de los doce discípulos, el llamado Judas Iscariote, fue a ver a los jefes de los sacerdotes y les
preguntó: "¿Cuánto me daréis, si os entrego a Jesús?".
Ellos señalaron el precio: treinta monedas de plata.
A partir de entonces, Judas empezó a buscar una
ocasión oportuna para entregarles a Jesús. El primer
día de la fiesta en que se comía el pan sin levadura,
los discípulos se acercaron a Jesús y le preguntaron:
"¿Dónde quieres que te preparemos la cena de Pascua?". Él les contestó: "Id a la ciudad, a casa de Fulano,
y decidle: 'El Maestro dice: Mi hora está cerca, y voy
a tu casa a celebrar la Pascua con mis discípulos'".
Los discípulos hicieron como Jesús les había mandado
y prepararon la cena de Pascua. Al llegar la noche,
Jesús se había sentado a la mesa con los doce discípulos; y mientras cenaban les dijo: "Os aseguro que
uno de vosotros me va a traicionar". Ellos, llenos de
tristeza, comenzaron a preguntarle uno tras otro: "Señor, ¿acaso soy yo?". Jesús les contestó: "Uno que moja
el pan en el mismo plato que yo, va a traicionarme. El
Hijo del hombre ha de recorrer el camino que dicen
las Escrituras, pero ¡ay de aquel que le traiciona! ¡Más
le valdría no haber nacido!". Entonces Judas, el que
le estaba traicionando, le preguntó: "Maestro, ¿acaso
soy yo?". "Tú lo has dicho" -contestó Jesús.

Lectura: El evangelio de hoy narra la preparación y rea-
lización de la cena de Pascua que Jesús celebra con sus discípulos. En ese contexto, Mateo sitúa la traición de Judas, que
vende a Jesús por la simbólica cantidad de treinta monedas
de plata.

Meditación: Hoy, antes de empezar el Triduo Pascual, es un día adecuado para pensar en las otras «semanas santas» que van más allá de la liturgia y de las tradiciones populares. Podemos pensar en las personas que pasarán estos días en una cama de hospital y en los familiares que no podrán ir a la iglesia porque estarán velando a ese Cristo conectado a una botella de suero. Pensemos, sobre todo, en quienes van a vivir estos días oprimidos por algún dolor físico o moral (enfermos, presos, ancianos solitarios, aburridos crónicos, refugiados, inmigrantes sin papeles, personas sin techo…) que los pone en comunión profunda con el Cristo que sigue sufriendo y muriendo. ¿Qué semana es más santa? El verdadero termómetro no son los kilos de cera consumidos o la emoción ante la belleza de una procesión nocturna. Ni siquiera la armonía de las celebraciones litúrgicas. El verdadero termómetro es la unión con el Cristo que sigue sufriendo hoy, la cercanía a las personas de nuestro entorno que prolongan su soledad y abandono y que necesitan que alguien les exprese la ternura de Dios para que, en medio de su sufrimiento, no pierdan la esperanza.

Oración: Señor, quiero celebrar la Pascua contigo en mi casa. Quiero que te sientes con mi familia o mi comunidad a cenar y conversar. Quiero compartir contigo las preguntas que me acompañan desde hace tiempo. ¿Acaso soy yo el que presume de creyente y luego contradice tu Evangelio en los detalles de cada día? ¿Acaso soy yo el que se emociona ante una procesión y pasa de largo frente a un hermano en dificultades? ¿Acaso soy yo el que enciende una vela a Dios y otra al diablo? No tengas reparo en hacerme las preguntas que me ayuden a vivir en verdad y libertad. Amén.

Acción: ¿Qué preguntas te formularía Jesús si estuviera hablando contigo? Dales forma, reposa en ellas y, si es posible, intenta responder.

Jueves Santo

Ex 12,1-8.11-14 Este mes será para vosotros el principal.
Sal 115. El cáliz de la bendición es comunión con la sangre de Cristo.
1Co 11,23-26 Haced esto en memoria mía.
Jn 13,1-15

MARZO **28**

*E*ra la víspera de la fiesta de la Pascua. Jesús sabía que le había llegado la hora de dejar este mundo para ir a reunirse con el Padre. Él siempre había amado a los suyos que estaban en el mundo, y así los amó hasta el fin. El diablo ya había metido en el corazón de Judas, hijo de Simón Iscariote, la idea de traicionar a Jesús. Durante la cena, Jesús, sabiendo que había venido de Dios, que volvía a Dios y que el Padre le había dado toda autoridad, se levantó de la mesa, se quitó la ropa exterior y se puso una toalla a la cintura. Luego vertió agua en una palangana y comenzó a lavar los pies de los discípulos y a secárselos con la toalla que llevaba a la cintura. Cuando iba a lavar los pies a Simón Pedro, éste le dijo: "Señor, ¿vas tú a lavarme los pies?". Jesús le contestó: "Ahora no entiendes lo que estoy haciendo, pero más tarde lo entenderás". Pedro dijo: "¡Jamás permitiré que me laves los pies!". Respondió Jesús: "Si no te los lavo no podrás ser de los míos". Simón Pedro le dijo: "¡Entonces, Señor, no sólo los pies, sino también las manos y la cabeza!". Pero Jesús le respondió: "El que está recién bañado no necesita lavarse más que los pies, porque todo él está limpio. Y vosotros estáis limpios, aunque no todos". Dijo: "No estáis limpios todos", porque sabía quién le iba a traicionar". Después de lavarles los pies, Jesús volvió a ponerse la ropa exterior, se sentó de nuevo a la mesa y les dijo: "¿Entendéis lo que os he hecho? Vosotros me llamáis Maestro y Señor, y tenéis razón porque lo soy. Pues si yo, el Maestro y Señor, os he lavado los pies, también vosotros debéis lavaros los pies unos a otros.

Os he dado un ejemplo para que vosotros hagáis lo mismo que yo os he hecho".

Lectura: Comienza el Triduo Pascual. La misa vespertina del Jueves Santo es la obertura. Hoy celebramos el día del amor fraterno, de la institución de la Eucaristía y del ministerio ordenado. El mismo Jesús que nos invita a lavar los pies a los demás (expresión de amor servicial), nos pide que compartamos el pan y el vino (expresión de la eucaristía sacramental). Unidos a él, incorporados a su muerte, cada uno de nosotros nos convertimos en artesanos de paz y reconciliación. A partir de aquí fluye todo lo demás: el amor fraterno, el ministerio sacerdotal, la celebración eucarística. Jesús nos ha pedido que hagamos todo esto en memoria suya.

Meditación: Jesús, antes de su muerte, ha querido expresarnos su proximidad lavando los pies a los discípulos, dejándoles su cuerpo y su sangre como memoria permanente e invitándolos a hacer del amor la ley suprema de la vida. En la sociedad del individualismo y del aislamiento, la nota de la cercanía/proximidad lo hace muy concreto, muy visible. Amar significa estar cerca de las personas, mirarlas, dirigirles la palabra, tocarlas. No se puede amar «a distancia», como si uno temiera el contagio de un virus peligroso. Dios se acerca a nosotros en Jesús porque nos ama. También la Eucaristía es un símbolo bellísimo de proximidad, hasta el punto de que el Cuerpo de Jesús se funde con el nuestro, se convierte en carne de nuestra carne. El servicio no queda reducido a una función burocrática. Jesús lo ha simbolizado con el lavatorio de los pies. Lavar significa tocar. También aquí la proximidad física simboliza un servicio que entra en contacto físico con la persona y, a través de este contacto, con su misterio más profundo.

Oración: También yo quisiera ser «teólogo del delantal», ceñirme una toalla a la cintura y lavar los pies de quienes se cruzan en mi camino. A veces, prefiero llevarte flores y velas al tabernáculo donde se conserva tu cuerpo sacramentado, pero sé muy bien la lección que tú nos has dado en tu cena de despedida. Para convertirme en siervo de los demás necesito alimentarme con el pan de tu eucaristía. Haz que no separe lo que tú has unido indisolublemente. Gracias, Señor, por entregarte sin reservas por mí. Gracias por hacer de una jofaina y una toalla los símbolos de una vida al servicio de Dios y de los demás. También yo quiero ser de los tuyos. Amén.

Acción: Dedica esta noche un rato prolongado a orar ante Jesús sacramentado. Puedes servirte de los discursos de despedida del evangelio de Juan (capítulos 14-17).

Viernes santo

Is 52,13–53,12 Mi siervo tendrá éxito.
Sal 30. Padre, a tus manos encomiendo mi espíritu.
Hb 4,14-16; 5,7-9 Por su obediencia, Dios le escuchó.
Jn 18,1-19,42

*D*espués de decir estas cosas, Jesús pasó con sus discípulos al otro lado del arroyo de Cedrón, donde había un huerto en el que entró Jesús con ellos. (...) Así que Judas se presentó con una tropa de soldados y con algunos guardias del templo enviados por los jefes de los sacerdotes y por los fariseos. Iban armados y llevaban lámparas y antorchas. Pero como Jesús ya sabía todo lo que había de pasarle, salió a su encuentro y les preguntó: "¿A quién buscáis?". "A Jesús de Nazaret" -le contestaron. Dijo Jesús: "Yo soy". (...) Cuando Jesús les dijo: "Yo soy", se echaron atrás y cayeron al suelo. Jesús volvió a preguntarles: "¿A quién buscáis?". Repitieron: "A Jesús de Nazaret". Jesús les dijo: "Ya os he dicho que soy yo. Si me buscáis a mí, dejad que los demás se vayan". Esto sucedió para que se cumpliese lo que Jesús mismo había dicho: "Padre, de los que me confiaste, ninguno se perdió". (...) Los soldados de la tropa, con su comandante y los guardias judíos del templo, arrestaron a Jesús y lo ataron. Le llevaron primero a casa de Anás (...) Simón Pedro y otro discípulo seguían a Jesús. (...) El sumo sacerdote comenzó a preguntar a Jesús acerca de sus discípulos y de lo que enseñaba. Jesús le respondió: "Yo he hablado públicamente delante de todo el mundo. Siempre he enseñado en las sinagogas y en el templo, donde se reúnen todos los judíos; así que no he dicho nada en secreto. ¿Por qué me preguntas a mí? Pregunta a quienes me han escuchado y que ellos digan de qué les hablaba. Ellos saben lo que he dicho". Cuando Jesús dijo esto, uno de los guardias del templo le dio una bofetada, diciéndole: "¿Así contestas al sumo sacerdote?". Jesús le respondió: "Si he dicho algo malo, muéstrame qué ha sido; y si lo que he dicho está bien, ¿por qué me pegas?". Entonces Anás envió a Jesús, atado, al sumo sacerdote Caifás. (...) Llevaron a Jesús de la casa de Caifás al palacio del gobernador romano. (...) Pilato les dijo: "Llevóslo y juzgadle conforme a vuestra propia ley". Los judíos contestaron: "Los judíos no tenemos autoridad para ejecutar a nadie". (...) Pilato volvió a entrar en el palacio, llamó a Jesús y le preguntó: "¿Eres tú el Rey de los judíos?". Jesús le dijo: (...) "Mi reino no es de este mundo. Si lo fuese, mis servidores habrían luchado para que yo no fuera entregado a los judíos. Pero mi reino no es de aquí". Le preguntó entonces Pilato: "¿Así que tú eres rey?". Jesús le contestó: "Tú lo has dicho: soy rey. Yo nací y vine al mundo para decir lo que es la verdad. Y todos los que pertenecen a la verdad, me escuchan". "¿Y qué es la verdad?". -le preguntó Pilato. Después (...) dijo: "Yo no encuentro ningún delito en este hombre. Y ya que tenéis la costumbre de que os ponga en libertad a un preso durante la fiesta de la Pascua, ¿queréis que os ponga en libertad al Rey de los judíos?". Todos volvieron a gritar: "¡A ese no! ¡A Barrabás!". Y Barrabás era un ladrón. Pilato, entonces, ordenó que azotaran a Jesús. Además, los soldados tejieron una corona de espinas y la pusieron en la cabeza de Jesús, y le vistieron con una capa de color rojo oscuro. Luego se acercaban a él, diciendo: "¡Viva el Rey de los judíos!". Y le golpeaban en la cara. Pilato volvió a salir y les dijo: "Mirad, os lo he sacado para que sepáis que yo no encuentro en él ningún delito". (...) Cuando le vieron los jefes de los sacerdotes y los guardias del templo, comenzaron a gritar: "¡Crucifícalo! ¡Crucifícalo!". Pilato les dijo: "Pues llevóslo y crucificadle vosotros, porque yo no encuentro ningún delito en él". Los judíos le contestaron: (...) "¡Si le pones en libertad, no eres amigo del césar! ¡Todo el que se hace rey es enemigo del césar!". (...) Entonces Pilato les entregó a Jesús para que lo crucificaran, y ellos se lo llevaron. Jesús, llevando su cruz, salió para ir al llamado "Lugar de la Calavera" (que en hebreo es Gólgota). Allí lo crucificaron, y con él a otros dos, uno a cada lado. Pilato mandó poner sobre la cruz un letrero que decía: "Jesús de Nazaret, Rey de los judíos". (...) Por eso, los *jefes de los sacerdotes judíos dijeron a Pilato: "No escribas: 'El Rey de los judíos', sino: 'El que dice ser Rey de los judíos'". Pero Pilato les contestó: "Lo que he escrito, escrito queda". Después de crucificar a Jesús, los soldados tomaron sus ropas y se las repartieron en cuatro partes, una para cada uno. (...) Junto a la cruz de Jesús estaban su madre y la hermana de su madre, María, esposa de Cleofás, y María Magdalena. Cuando Jesús vio a su madre y junto a ella al discípulo a quien él quería mucho, dijo a su madre: "Mujer, ahí tienes a tu hijo". Luego dijo al discípulo: "Ahí tienes a tu madre". Desde entonces, aquel discípulo la recibió en su casa. Después de esto, como Jesús sabía que ya todo se había cumplido, y para que se cumpliera la Escritura, dijo: "Tengo sed". Había allí una jarra llena de vino agrio. Empaparon una esponja en el vino, la ataron a una rama de hisopo y se la acercaron a la boca. Jesús bebió el vino agrio y dijo: "Todo está cumplido". Luego inclinó la cabeza y murió. Era el día de la preparación de la Pascua. (...) Fueron entonces los soldados y quebraron las piernas primero a uno y luego al otro de los crucificados junto a Jesús. Pero al acercarse a Jesús vieron que ya había muerto. Por eso no le quebraron las piernas. Sin embargo, uno de los soldados le atravesó el costado con una lanza, y al momento salió sangre y agua. El que cuenta esto es uno que lo vio y que dice la verdad. Él sabe que dice la verdad, para que vosotros también creáis. Porque estas cosas sucedieron para que se cumpliera la Escritura que dice: "No le quebrarán ningún hueso". Y en otra parte dice la Escritura: "Mirarán al que traspasaron" (...).*

Lectura: En la celebración de la Pasión del Señor del Viernes Santo se lee la pasión según san Juan. Juan es el más sobrio de los evangelistas al narrar los aspectos cruentos de la pasión. Omite los detalles humillantes, como los golpes en la cabeza y los esputos y solo alude someramente a la flagelación y a las bofetadas. Su relato, el que la liturgia de hoy nos invita a meditar, no narra el camino de Jesús hacia la muerte sino hacia la gloria.

Meditación: El evangelio de Juan no pretende informarnos sobre cómo se desarrollaron los hechos de la pasión de Jesús, sino ayudarnos a comprender su significado.

Ya desde la primera escena, la del arresto en el Getsemaní (cf. Jn 18,1-11), Juan, a diferencia de los sinópticos, no menciona las emociones humanas de Jesús. No habla de su agonía ni de su lucha interior ni de la oración dirigida al Padre para que lo libre del «cáliz». Lo presenta resuelto y decidido. No lo apresan los soldados. Es él quien se entrega. Nadie le arrebata la vida, sino que él la entrega libremente (cf. Jn 10,17-18). Con su afirmación «Yo soy» retroceden las fuerzas del mal. Apelando a las Escrituras, Juan quiere animar a los creyentes que temen ser arrollados por las fuerzas del mal. A diferencia de los sinópticos, Juan sitúa el interrogatorio de Jesús no en la casa de Caifás, sino en la de su suegro Anás, que controlaba la economía del templo contra la que Jesús se opuso. Juan dedica al proceso frente a Pilato (cf. Jn 18,28–9,16) el doble de espacio que Marcos. En ese contexto político, estructurado en torno a siete escenas, se presenta con claridad la realeza de Cristo. En el relato de Juan, el camino hacia el lugar de la ejecución es muy breve, y no se habla de las mujeres que lloran por Él, ni del cireneo que lo ayuda a llevar la cruz. Jesús camina solo, con decisión, hacia la meta donde manifestará su «gloria».

Al hablar de la crucifixión (cf. Jn 19,18-37), Juan introduce algunas escenas detalles ignorados por los otros evangelistas: por ejemplo, la importancia dada a la inscripción puesta sobre la cruz, la división de los vestidos «en cuatro partes» que simbolizan los cuatro puntos cardinales (Jesús se ha entregado para todos, su sacrificio tiene valor universal), la presencia de la madre al pie de la cruz (Jn 19,25-27), que es más simbólica que real (la mujer es la madre-Israel). Finalmente, la muerte de Jesús llega de un modo dulce y sereno (Jn 19,28-30). No hay gritos, ni terremotos, ni eclipses. Desde el trono de la cruz, el rey Jesús domina la escena. Solo Juan pone en sus labios las palabras: «Tengo sed» (Jn 19,28), eco del salmo 42,3: «Mi alma está sedienta de Dios, del Dios vivo». Después de haber recibido el vinagre, Jesús dice: «¡Todo se ha cumplido!» e, inclinando la cabeza, entrega el Espíritu (Jn 19,30). Todavía añade Juan un elemento al que otorga una importancia grande: un soldado clava la lanza en el cuerpo exánime de Jesús (Jn 19,31-37). A la misma hora en que en la explanada del templo los sacerdotes estaban inmolando los corderos pascuales, en la cruz se inmola el verdadero Cordero Pascual. Donando su sangre, Jesús ha salvado a la humanidad del ángel exterminador. Como al cordero pascual al cual, al que según el libro de Éxodo no se le podía quebrar ningún hueso (cf. Ex 12,46), los soldados quiebran las piernas de los dos malhechores crucificados con Jesús para acelerar su muerte, pero respetan el cuerpo ya muerto de Jesús.

Por último, la sangre y el agua que brotan del costado de Cristo cuando uno de los soldados lo atraviesa con su lanza tienen también un gran valor simbólico: "Tanto amó Dios al mundo, que entregó a su hijo único, para que quien crea en él no muera, sino que tenga vida eterna" (Jn 3,16). Tras la muerte de Jesús, Juan no narra la sepultura de un cadáver, sino la preparación del dormitorio nupcial en el que está a punto se recostarse el Esposo. Así es como Juan había presentado a Jesús desde el comienzo de su evangelio (cf. Jn 3,29-30).

Oración: En esta tarde, Cristo del Calvario, / vine a rogarte por mi carne enferma; / pero, al verte, mis ojos van y vienen / de tu cuerpo a mi cuerpo con vergüenza. / ¿Cómo quejarme de mis pies cansados, /cuando veo los tuyos destrozados? / ¿Cómo mostrarte mis manos vacías, / cuando las tuyas están llenas de heridas?

Acción: Participa en la celebración de la Pasión el Señor y déjate empapar por la fuerza de la liturgia.

Vigilia Pascual

Gn 1,1–2,2 En el principio de todo, Dios.
Sal 103. Envía tu espíritu, Señor, y repuebla la faz de la tierra.
Ex 14,15–15,1 El Señor pelea a favor de ellos.
Sal: Ex 15,1-6.17-18. Cantaré al Señor, sublime es su victoria.
Rm 6,3-11 Unidos a Cristo en su resurrección.
Mc 16,1-7

MARZO **30**

Pasado el sábado, María Magdalena, María la madre de Santiago, y Salomé compraron perfumes para perfumar el cuerpo de Jesús. Y el primer día de la semana fueron al sepulcro muy temprano, apenas salido el sol, diciéndose unas a otras: "¿Quién nos quitará la piedra de la entrada del sepulcro?". Pero al mirar vieron que la gran piedra que tapaba la entrada no estaba en su sitio. Y al entrar en el sepulcro vieron, sentado al lado derecho, a un joven vestido con una túnica blanca. Las mujeres se asustaron, pero él les dijo: "No os asustéis. Estáis buscando a Jesús de Nazaret, el crucificado. Ha resucitado; no está aquí. Mirad el lugar donde lo pusieron". Id y decid a sus discípulos y a Pedro: 'Él va a ir a Galilea antes que vosotros. Allí le veréis, tal como os dijo'".

Lectura: El evangelio de hoy está tomado del último capítulo de Marcos. Las mujeres son las primeras testigos de la resurrección de Jesús. Lo más importante no es la alusión al sepulcro vacío, sino la sorprendente noticia de que Jesús ha resucitado y los precede en Galilea, como había anunciado.

Meditación: Hoy, Sábado Santo, es el «día después» en el que la Madre espera. Pero es también el día en el que solo queda una sábana como testigo, porque Jesús no reside en un sepulcro. El pasado Domingo de Ramos leímos el relato de la pasión según san Marcos. En él se encuentra un detalle, aparentemente secundario, que no se encuentra en los otros tres evangelios: «Le seguía, también, un muchacho cubierto sólo por una sábana. Lo agarraron; pero él, soltando la sábana, se les escapó desnudo» (Mc 14,51-52). Entre las muchas interpretaciones, hoy se piensa destaca la que considera que se trata de un par de versículos de carácter simbólico introducidos por el redactor. El término griego usado para referirse al «muchacho» es el mismo que se utiliza para referirse a otra figura juvenil que aparece en el fragmento que se lee este año en la Vigilia Pascual: «Al entrar al sepulcro, vieron un joven vestido con un hábito blanco, sentado a la derecha; y quedaron sorprendidas. Les dijo: "No os espantéis. Buscáis a Jesús Nazareno, el crucificado. No está aquí, ha resucitado. Mirad el lugar donde lo pusieron"» (Mc 16,5-6). El primer muchacho que, soltando la sábana, escapa desnudo es, en el fondo, una anticipación simbólica del Jesús que, dejando el sudario en el sepulcro, resucita a una vida nueva. La sábana-sudario pertenece al mundo viejo. En el mundo nuevo de Jesús se lleva el vestido blanco de los renacidos.

Es un tiempo en el que se gestan profundas e invisibles transformaciones que solo más adelante se verán con claridad. Cristo depositado en el sepulcro es el símbolo de todo lo que, pareciendo definitivamente muerto, está generando una explosión de vida nueva.

Oración: Porque anochece ya,/ porque es tarde, Dios mío, / porque temo perder / las huellas del camino, / no me dejes tan solo / y quédate conmigo.

Porque he sido rebelde / y he buscado el peligro / y escudriñé curioso / las cumbres y el abismo, / perdóname, Señor, / y quédate conmigo.

Acción: Participa en la celebración de la Vigilia Pascual y déjate empapar por la fuerza de la liturgia.

Oraciones

Ven, Espíritu divino

Ven, Espíritu divino;
manda tu luz desde el cielo.
Padre amoroso del pobre;
don, en tus dones, espléndido;
luz que penetra las almas;
fuente del mayor consuelo.

Ven, dulce huésped del alma,
descanso de nuestro esfuerzo,
tregua en el duro trabajo,
brisa en las horas de fuego,
gozo que enjuga las lágrimas
y reconforta en los duelos.

Entra hasta el fondo del alma,
divina luz, y enriquécenos.
Mira el vacío del hombre
si tú le faltas por dentro;
mira el poder del pecado
cuando no envías tu aliento.

Riega la tierra en sequía,
sana el corazón enfermo,
lava las manchas, infunde
calor de vida en el hielo,
doma el espíritu indómito,
guía al que tuerce el sendero.

Reparte tus siete dones
según la fe de tus siervos;
por tu bondad y tu gracia
dale al esfuerzo su mérito;
salva al que busca salvarse
y danos tu gozo eterno. Amén.

(Secuencia de Pentecostés)

En tierra extraña peregrinos

En tierra extraña peregrinos
con esperanza caminamos,
que, si arduos son nuestros caminos,
sabemos bien a dónde vamos.

En el desierto un alto hacemos,
es el Señor quien nos convida,
aquí comemos y bebemos
el pan y el vino de la Vida.

Para el camino se nos queda
entre las manos, guiadora,
la cruz, bordón, que es la vereda
y es la bandera triunfadora.

Entre el dolor y la alegría,
con Cristo avanza en su andadura
un hombre, un pobre que confía
y busca la ciudad futura. Amén.

(Liturgia de las horas)

Llorando los pecados

Llorando los pecados
tu pueblo está, Señor.
Vuélvenos tu mirada
y danos el perdón.

Seguiremos tus pasos,
camino de la cruz,
subiendo hasta la cumbre
de la Pascua de luz.

La Cuaresma es combate;
las armas: oración,
limosnas y vigilias
por el reino de Dios.

«Convertid vuestra vida,
volved a vuestro Dios,
y volveré a vosotros»,
esto dice el Señor.

Tus palabras de vida
nos llevan hacia ti,
los días cuaresmales
nos las hacen sentir. Amén.

(Liturgia de las horas)

Libra mis ojos de la muerte

Libra mis ojos de la muerte;
dales la luz que es su destino.
Yo, como el ciego del camino,
pido un milagro para verte.

Haz de esta piedra de mis manos
una herramienta constructiva;
cura su fiebre posesiva
y ábrela al bien de mis hermanos.
Que yo comprenda, Señor mío,
al que se queja y retrocede;
que el corazón no se me quede
desentendidamente frío.
Guarda mi fe del enemigo
(¡tantos me dicen que estás muerto!)
Tú que conoces el desierto,
dame tu mano y ven conmigo.

(Liturgia de las horas)

Este es el día del Señor

Este es el día del Señor.
Este es el tiempo de la misericordia.

Delante de tus ojos
ya no enrojeceremos
a causa del antiguo
pecado de tu pueblo.
Arrancarás de cuajo
el corazón soberbio
y harás un pueblo humilde
de corazón sincero.

En medio de las gentes
nos guardas como un resto
para cantar tus obras
y adelantar tu reino.
Seremos raza nueva

para los cielos nuevos;
sacerdotal estirpe,
según tu Primogénito.

Caerán los opresores
y exultarán los siervos;
los hijos del oprobio
serán tus herederos.
Señalarás entonces
el día del regreso
para los que comían
su pan en el destierro.

¡Exulten mis entrañas!
¡Alégrese mi pueblo!
Porque el Señor que es justo
revoca sus decretos:
La salvación se anuncia
donde acechó el infierno,
porque el Señor habita
en medio de su pueblo.

(Liturgia de las horas)

¿Qué tengo yo que mi amistad procuras?

¿Qué tengo yo, que mi amistad procuras?
¿Qué interés te sigue, Jesús mío,
que a mi puerta, cubierto de rocío,
pasas las noches del invierno a oscuras?

¡Oh, cuánto fueron mis entrañas duras,
pues no te abrí!; ¡qué extraño desvarío,
si de mi ingratitud el hielo frío
secó las llagas de tus plantas puras!

¡Cuántas veces el ángel me decía:
«Alma, asómate ahora a la ventana,
verás con cuánto amor llamar porfía»!

¡Y cuántas, hermosura soberana:
«Mañana le abriremos», respondía,
para lo mismo responder mañana!

(Liturgia de las horas)

Recuerde el alma dormida

Recuerde el alma dormida,
avive el seso y despierte
contemplando
cómo se pasa la vida,
cómo se viene la muerte
tan callando;
cuán presto se va el placer,
cómo, después de acordado,
da dolor;
cómo, a nuestro parecer,
cualquier tiempo pasado
fue mejor.

Nuestras vidas son los ríos
que van a dar en el mar,
que es el morir;
allí van los señoríos
derechos a se acabar
y consumir;
allí los ríos caudales,
allí los otros medianos
y más chicos;

y, llegados, son iguales
los que viven por sus manos
y los ricos.

Este mundo es el camino
para el otro, que es morada
sin pesar;
mas cumple tener buen tino
para andar esta jornada
sin errar.

Partimos cuando nacemos,
andamos mientras vivimos,
y llegamos
al tiempo que fenecemos;
así que cuando morimos
descansamos.
Este mundo bueno fue
si bien usásemos de él
como debemos,
porque, según nuestra fe,
es para ganar aquel
que atendemos.
Aun aquel Hijo de Dios,
para subirnos al cielo,
descendió
a nacer acá entre nos,
y a vivir en este suelo
donde murió.

(Liturgia de las horas)

Te damos gracias, Señor

Te damos gracias, Señor,
porque has depuesto la ira
y has detenido ante el pueblo
la mano que lo castiga.

Tú eres el Dios que nos salva,
la luz que nos ilumina,
la mano que nos sostiene
y el techo que nos cobija.

Y sacaremos con gozo
del manantial de la Vida
las aguas que dan al hombre
la fuerza que resucita.

Entonces proclamaremos:
«¡Cantadle con alegría!
¡El nombre de Dios es grande;
su caridad, infinita!

¡Que alabe al Señor la tierra!
Contadle sus maravillas.
¡Qué grande, en medio del pueblo,
el Dios que nos justifica!».

Amén.

(Liturgia de las horas)

Porque anochece ya

Porque anochece ya,
porque es tarde, Dios mío,
porque temo perder
las huellas del camino,
no me dejes tan solo
y quédate conmigo.

Porque he sido rebelde
y he buscado el peligro
y escudriñé curioso
las cumbres y el abismo,
perdóname, Señor,
y quédate conmigo.

Porque ardo en sed de ti
y en hambre de tu trigo,
ven, siéntate a mi mesa,
bendice el pan y el vino.
¡Qué aprisa cae la tarde!
¡Quédate al fin conmigo!

(*Himno litúrgigo*)

En esta tarde

En esta tarde, Cristo del Calvario,
vine a rogarte por mi carne enferma;
pero, al verte, mis ojos van y vienen
de tu cuerpo a mi cuerpo con vergüenza.

¿Cómo quejarme de mis pies cansados,
cuando veo los tuyos destrozados?